必勝

N4 漢字

ISBN: 979-8-3302-8060-5

This is a Mitsubata Education product.

Any references to historical events, real people, or real places are used fictitiously. The names of people and most places are products of the authors' imaginations.

All images used within this text are either copyright/royalty free or are under a creative commons share-alike license. Images that are copyright/royalty free will not include attribution. Those under a creative commons share-alike license will have an attribution on the same page that they appear on.

Cover and on-page design by David Honeycutt.

もくじ
目次

日本語 能力 試験は、あなたの日本語 力 を測るテストです。五つのレベルがあります：

N5, N4, N3, N2, N1. レベルN5は一番簡単なレベルで、レベルN1は一番 難 しいレベルです。この本で、N4の漢字（文字）の練習が出来ます。

The Japanese Language Proficiency Test (JLPT) is a test to measure your Japanese abilities. There are five levels: N5, N4, N3, N2, and N1. N5 is the easiest level while N1 is the hardest. With this book, you can practice for the kanji (character) section of the N4 test.

La prueba de dominio del idioma japonés (JLPT) es una prueba para medir sus habilidades en japonés. Hay cinco niveles: N5, N4, N3, N2 y N1. N5 es el nivel más fácil mientras que N1 es el más difícil. Con este libro podrás practicar para la sección de kanji (caracteres) del examen N4.

Le test de compétence en langue japonaise (JLPT) est un test permettant de mesurer vos compétences en japonais. Il existe cinq niveaux : N5, N4, N3, N2 et N1. N5 est le niveau le plus facile tandis que N1 est le plus difficile. Avec ce livre, vous pouvez vous entraîner pour la section kanji (caractère) du test N4.

テスト時間

Testing Time   Tiempo de Prueba   Temps de Test

言語知識		聴解
Language Knowledge El Conocimiento de Idiomas Connaissance du Langage		**Listening Escuchando Écoute**
文字・語彙	文法・読解	
Characters/Vocabulary Caracteres/Vocabulario Lettres/Vocabulaire	*Grammar/Reading Gramática/Lectura Grammaire/Lecture*	35分
		35 minutes 35 minutos 35 minutes
25分	55分	
25 minutes 25 minutos 25 minutes	*55 minutes 55 minutos 55 minutes*	

漢字の問題に関して、問題形式が二つあります：「漢字の読み方を選ぶ」と「ひらがなで書かれている言葉を漢字にする」。「漢字の読み方を選ぶ」問題数は7つくらいあって、「ひらがなで書かれている言葉を漢字にする」問題数は5つくらいあります。実際の問題数はテストによりますが、だいたい12個（7つ＋5つ）になります。

When it comes to the kanji section questions, there are two formats: "Select the reading of kanji" and "Choose a kanji word based on the hiragana given." There are approximately 7 questions of the "Select the reading of kanji" format and approximately 5 questions of the "Choose a kanji word based on the hiragana given" format. The actual number of questions varies by test, but there will usually be around 12 (7 + 5).

En cuanto a las preguntas sobre kanji, hay dos tipos de preguntas: "Elegir cómo leer los kanji" y "Convertir palabras escritas en hiragana a kanji". Hay alrededor de 7 preguntas sobre "elegir cómo leer kanji" y alrededor de 5 preguntas sobre "transformar palabras escritas en hiragana en kanji". El número real de preguntas dependerá de la prueba, pero será aproximadamente 12 (7 + 5).

En ce qui concerne les questions de la section kanji, il existe deux formats : « Sélectionnez la lecture du kanji » et « Choisissez un mot kanji en fonction de l'hiragana donné ». Il y a environ 7 questions du format « Sélectionner la lecture du kanji » et environ 5 questions du format « Choisir un mot kanji en fonction de l'hiragana donné ». Le nombre réel de questions varie selon le test, mais il sera généralement d'environ 12 (7 + 5).

もぎテスト

Mock Tests　Examen de practica　Tests Pratiques

この本にはN4の漢字セクションの模擬テストが三つあります。実際に試験を受けているように問題を解いてください。

There are three practice tests of the N4 kanji section in this book. Answer the questions as if you were taking the actual test.

Este libro tiene tres pruebas simuladas para la sección Kanji N4. Resuelve las preguntas como si realmente estuvieras realizando el examen.

Il y a trois tests pratiques de la section N4 kanji dans ce livre. Répondez aux questions comme si vous passiez le test lui-même.

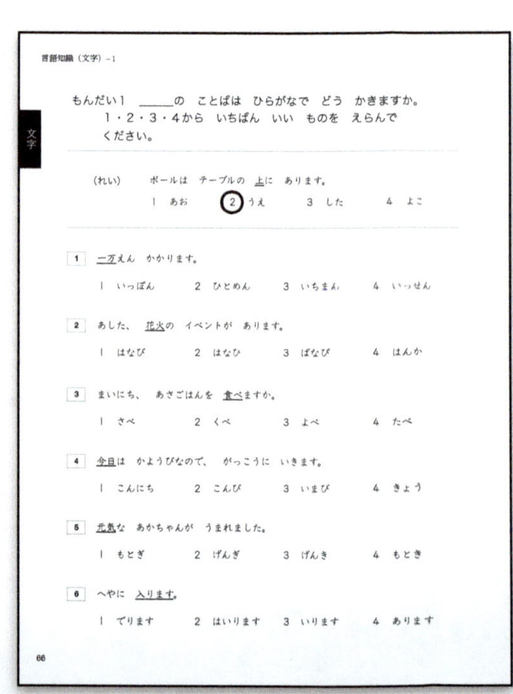

漢字の 紹介
Introducing Kanji　Introduciendo Kanji　Présentation du Kanji

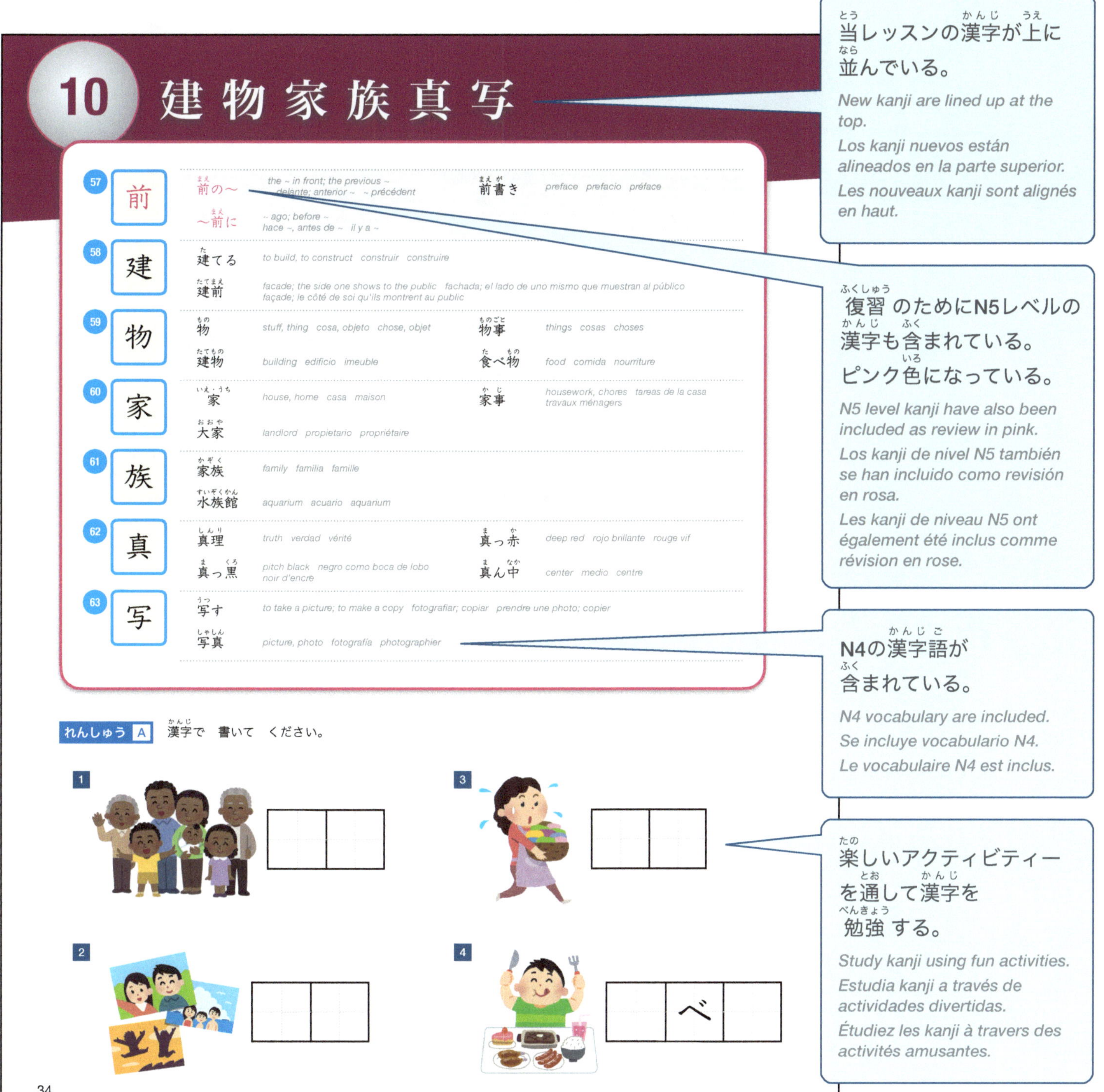

とう　　　　かんじ　うえ
当レッスンの漢字が上に
なら
並んでいる。

New kanji are lined up at the top.

Los kanji nuevos están alineados en la parte superior.

Les nouveaux kanji sont alignés en haut.

ふくしゅう
復習 のためにN5レベルの
かんじ　ふく
漢字も含まれている。
いろ
ピンク色になっている。

N5 level kanji have also been included as review in pink.

Los kanji de nivel N5 también se han incluido como revisión en rosa.

Les kanji de niveau N5 ont également été inclus comme révision en rose.

かんじご
N4の漢字語が
ふく
含まれている。

N4 vocabulary are included.

Se incluye vocabulario N4.

Le vocabulaire N4 est inclus.

たの
楽しいアクティビティー
とお　　　かんじ
を通して漢字を
べんきょう
勉強 する。

Study kanji using fun activities.

Estudia kanji a través de actividades divertidas.

Étudiez les kanji à travers des activités amusantes.

れんしゅう B 漢字で 書いて ください。

1 十 ＋ 具 ＝ ☐   3 宀 ＋ 豕 ＝ ☐

2 宀 ＋ 与 ＝ ☐   4 聿 ＋ 又 ＝ ☐

れんしゅう C _____の ことばは どう かきますか。 1・2・3・4から いちばん いい ものを ひとつ えらんで ください。

1 あした、 <u>すいぞくかん</u>に いきます。

1 水族棺　　　2 水族館　　　3 氷族館　　　4 氷族棺

2 まるの <u>まんなか</u>に ボールを なげて ください。

1 真ん中　　　2 真中　　　3 具ん中　　　4 具中

3 <u>ものごと</u>についての ほんが としょかんに たくさん あります。

1 真理　　　2 家事　　　3 切建　　　4 物事

4 どんな <u>うち</u>に すんで いますか。

1 豚　　　2 家　　　3 内　　　4 肉

れんしゅう D _____の ことばは ひらがなで どう かきますか。 1・2・3・4から いちばん いい ものを ひとつ えらんで ください。

1 ホワイトボードに かかれた ことを ノートに <u>写して</u> ください。

1 さして　　　2 しゃして　　　3 うつして　　　4 うして

4 だいうち

第2週　小 テスト

_____の ことばは どう かきますか。 1・2・3・4から いちばん いい ものを ひとつ えらんで ください。

1 おじいさんは りょこうして いた ときに <u>きゅうし</u> しました。

1 花火　　　2 死刑　　　3 急死　　　4 即死

2 <u>ちから</u>が もっと ひつよう です。

1 多体　　　2 地体　　　3 夕　　　4 力

3 しゅみは <u>はしる</u> ことです。

1 走る　　　2 徒る　　　3 寺る　　　4 歩る

4 キムチ <u>ごはん</u>が だい すき です。

1 ご仮　　　2 ご反　　　3 ご阪　　　4 ご飯

*Using this Book　Como Usar Este Libro
Utiliser ce Livre*

むいかかん　　かんじ　べんきょう　　　なのかめ
6日間、漢字を勉強して、7日目に

　　　　しょう　　　　　　　　　　いちにち
まとめの小テストがあります。1日

ひと　　　　　　　　　　　　　　ごしゅうかん
を一つのレッスンにすると、5週間

　お　　　　　　　　　　　　でき
で終わらせることが出来ます。

After six days of study there is a short test on the seventh day. If you study one lesson per day, you can finish this book in five weeks.

Después de seis días de estudio hay una prueba corta el séptimo día. Si estudias una lección por día, podrás terminar este libro en cinco semanas.

Après six jours d'études, un bref test a lieu le septième jour. Si vous étudiez une leçon par jour, vous pouvez terminer ce livre en cinq semaines.

*Bonus Kanji　Kanji Adicionales
Kanji Supplémentaire*

　　　　　　ほう　で　かんじ　　　　　　　　　　ふく
N4よりN3の方で出る漢字が3セットが含ま

　　　　　　　　　　で　かのうせい
れている。N4に出る可能性があるので、

ねん　ため　　かんじ　べんきょう　　　ほう
念の為この漢字も勉強した方がいいです。

Three sets of kanji that appear more frequently on the N3 exam are also included. It would be best to study them as well just in case.

Contiene 3 conjuntos de kanji que aparecen más en N3 que en N4. Lo mejor sería estudiarlos también por si acaso.

Trois séries de kanji qui apparaissent plus fréquemment à l'examen N3 sont également incluses. Il serait préférable de les étudier également, au cas où.

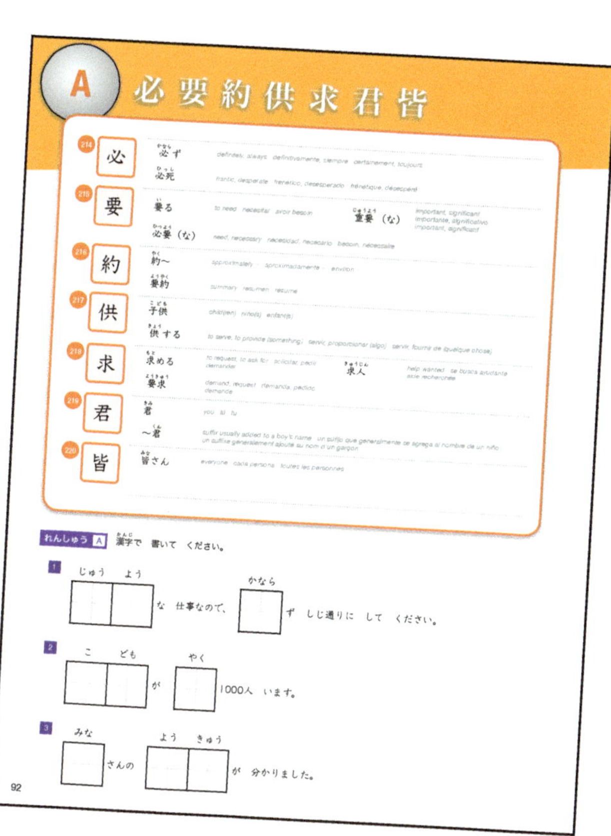

いちにちめ 1日目	ふつかめ 2日目	みっかめ 3日目	よっかめ 4日目	いつかめ 5日目	むいかめ 6日目
口目手足耳体	京米英田事仕	古新会売買思	映画館図旅駅	注意不安悪以	洋服着借貸起

7日目（なのかめ）　第1週（だいいっしゅう）　小テスト（しょう）

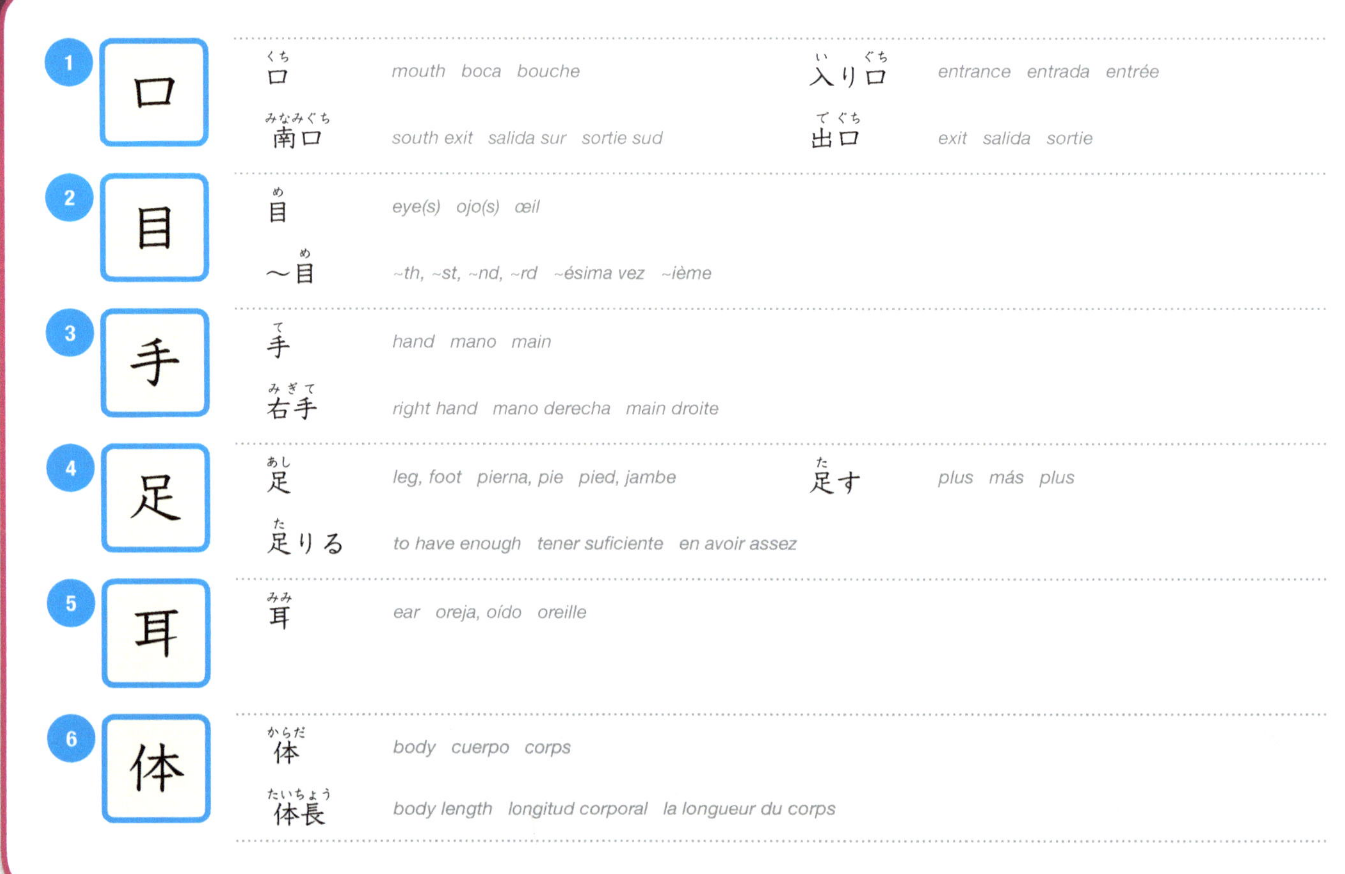

① 口	くち 口　mouth　boca　bouche	いりぐち 入り口　entrance　entrada　entrée
	みなみぐち 南口　south exit　salida sur　sortie sud	でぐち 出口　exit　salida　sortie
② 目	め 目　eye(s)　ojo(s)　œil	
	～目　~th, ~st, ~nd, ~rd　~ésima vez　~ième	
③ 手	て 手　hand　mano　main	
	みぎて 右手　right hand　mano derecha　main droite	
④ 足	あし 足　leg, foot　pierna, pie　pied, jambe	た 足す　plus　más　plus
	た 足りる　to have enough　tener suficiente　en avoir assez	
⑤ 耳	みみ 耳　ear　oreja, oído　oreille	
⑥ 体	からだ 体　body　cuerpo　corps	
	たいちょう 体長　body length　longitud corporal　la longueur du corps	

れんしゅう A　かんじで　書いて　ください。

1　あし

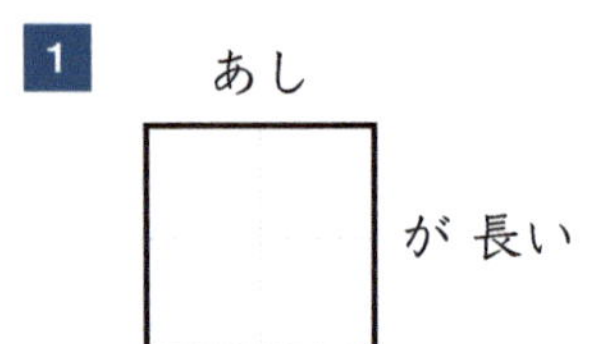
が 長い

2　みみ

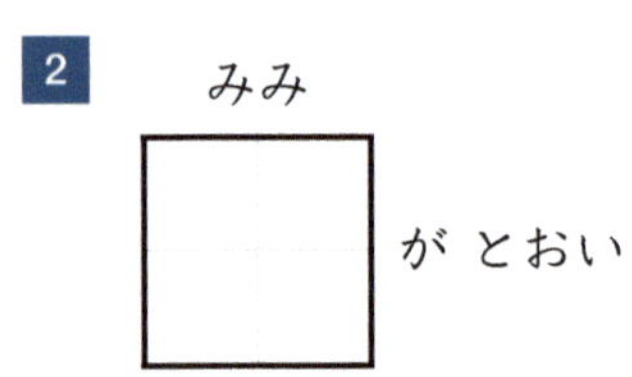
が とおい

3　め

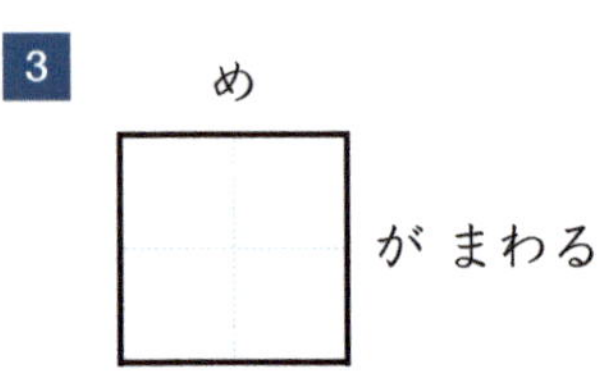
が まわる

4　からだ

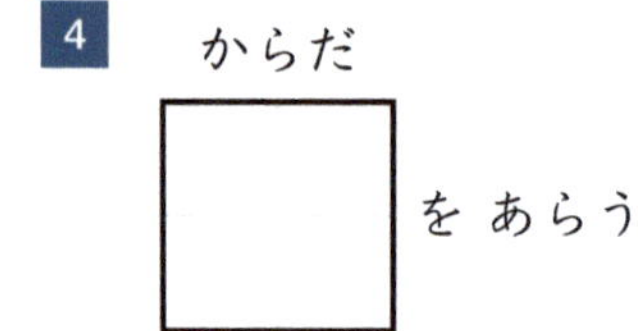
を あらう

5　て

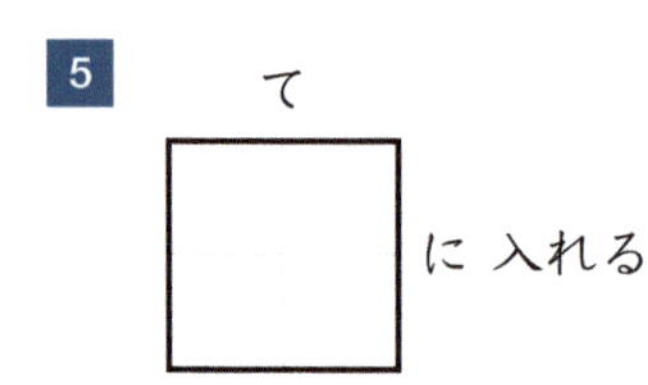
に 入れる

6　くち

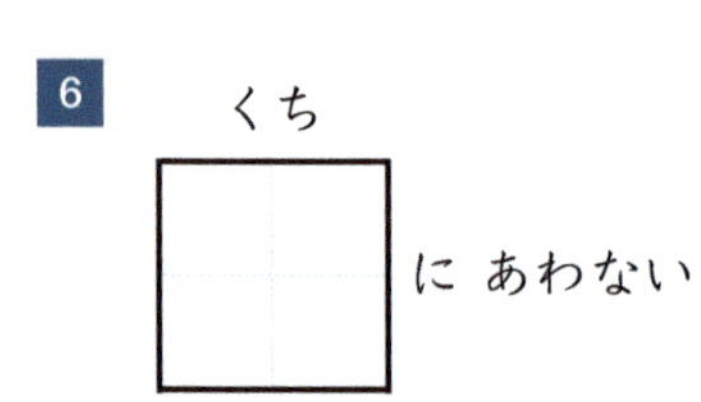
に あわない

1　からだ　　　2　め　　　3　あし　　　4　みみ

イ　　　口　　　口　　　耳

れんしゅう C　______の　ことばは　どう　かきますか。　1・2・3・4から　いちばん　いい　ものを　ひとつ
えらんで　ください。

1　でぐちは　どこ　ですか。

1　入日　　　　　2　山目　　　　　3　出口　　　　　4　手品

2　これで　たりると　おもいます。

1　手りる　　　　2　足りる　　　　3　体りる　　　　4　促りる

3　からだが　おもく　なりました。

1　体　　　　　2　本　　　　　3　木　　　　　4　林

4　ふたつめの　かどを　ひだりに　まがりました。

1　自　　　　　2　日　　　　　3　芽　　　　　4　目

れんしゅう D　______の　ことばは　ひらがなで　どう　かきますか。　1・2・3・4から　いちばん　いい
ものを　ひとつ　えらんで　ください。

1　口を　あけて　ください。

1　く　　　　　2　こ　　　　　3　ぐち　　　　　4　くち

2　この　さかなの　体長は　9センチ　です。

1　たいなが　　　2　たいちょう　　　3　からだちょう　　　4　からだなが

3　右手を　つかって　もじを　かきました。

1　みぎて　　　　2　ひだりて　　　3　ひだりしゅ　　　4　みぎしゅ

4　おんがくが　うるさくて　耳が　いたく　なりました。

1　はな　　　　　2　みみ　　　　　3　め　　　　　4　あし

7	京	東京 (とうきょう)	*Tokyo Tokio Tokyo*
		上京 (じょうきょう)	*going to Tokyo ir a tokio aller à Tokyo*
8	米	米 (こめ)	*rice arroz riz*
		米国 (べいこく)	*The United States Los Estados Unidos Les États Unis*
9	英	英語 (えいご)	*English Inglés Anglais*
		英国 (えいこく)	*England Inglaterra Angleterre*
10	田	田んぼ (た)	*rice paddy field campo de arroz rizière*
		田中さん (たなか)	*Mr(s). Tanaka Sr(a). Tanaka M(me). Tanaka*
11	事	事 (こと)	*thing(s) caso, cosa(s) cas, affaire* 火事 (かじ) *a fire fuego feu*
		大事（な）(だいじ)	*important importante important*
12	仕	仕事 (しごと)	*work, job trabajo travail*
		仕方がない (しかた)	*it can't be helped, it's unavoidable no puedo evitarlo, no hay más remedio Je n'y peux rien, rien ne peut être fait*

れんしゅう A　ただしい　ことばを　えらんで　ください。

1　【　英語・英国　】が　できますか。

2　あさって、　【　京上・上京　】します。

3　【　火事・火　】が　あって、　いえを　うしないました。

4　【　米・米国　】を　たべる　ことが　だいすき　です。

5　それは　【　田んぼ・田中　】さんの　くるま　です。

6　さいふを　みつけられません。　仕方が【　あって・なくて　】、　ヒッチハイクを　します。

7　もともと　【　英国・仕事　】しゅっしん　です。

8　どんな　【　仕方・仕事　】を　して　いますか。

14

　ことばと　あっている　えに　せんで　つないで　ください。

火事　　田んぼ　　仕事　　米

　＿＿＿の　ことばは　どう　かきますか。　1・2・3・4から　いちばん　いい　ものを　ひとつ　えらんで　ください。

1　たんぼで　あそぶ　ことは　あぶない　ですよ。

1　田んぼ　　　　2　田ぼ　　　　3　品んぼ　　　　4　品ぼ

2　わたしの　パスポートで、　くには　えいこくに　なって　います。

1　奏国　　　　2　笑国　　　　3　央国　　　　4　英国

3　すきな　ことは　なん　ですか。

1　事　　　　2　車　　　　3　常　　　　4　個

　＿＿＿の　ことばは　ひらがなで　どう　かきますか。　1・2・3・4から　いちばん　いい　ものを　ひとつ　えらんで　ください。

1　にほんじんは　よく　しろい　米を　たべます。

1　ごめ　　　　2　ごま　　　　3　こめ　　　　4　こん

2　東京に　おおきい　たてものが　たくさん　あります。

1　ちゅうとう　　　　2　とうきょう　　　　3　きょうと　　　　4　じょうきょう

3　仕事は　あさ　8じから　6じまで　です。

1　しがた　　　　2　しこと　　　　3　しかた　　　　4　しごと

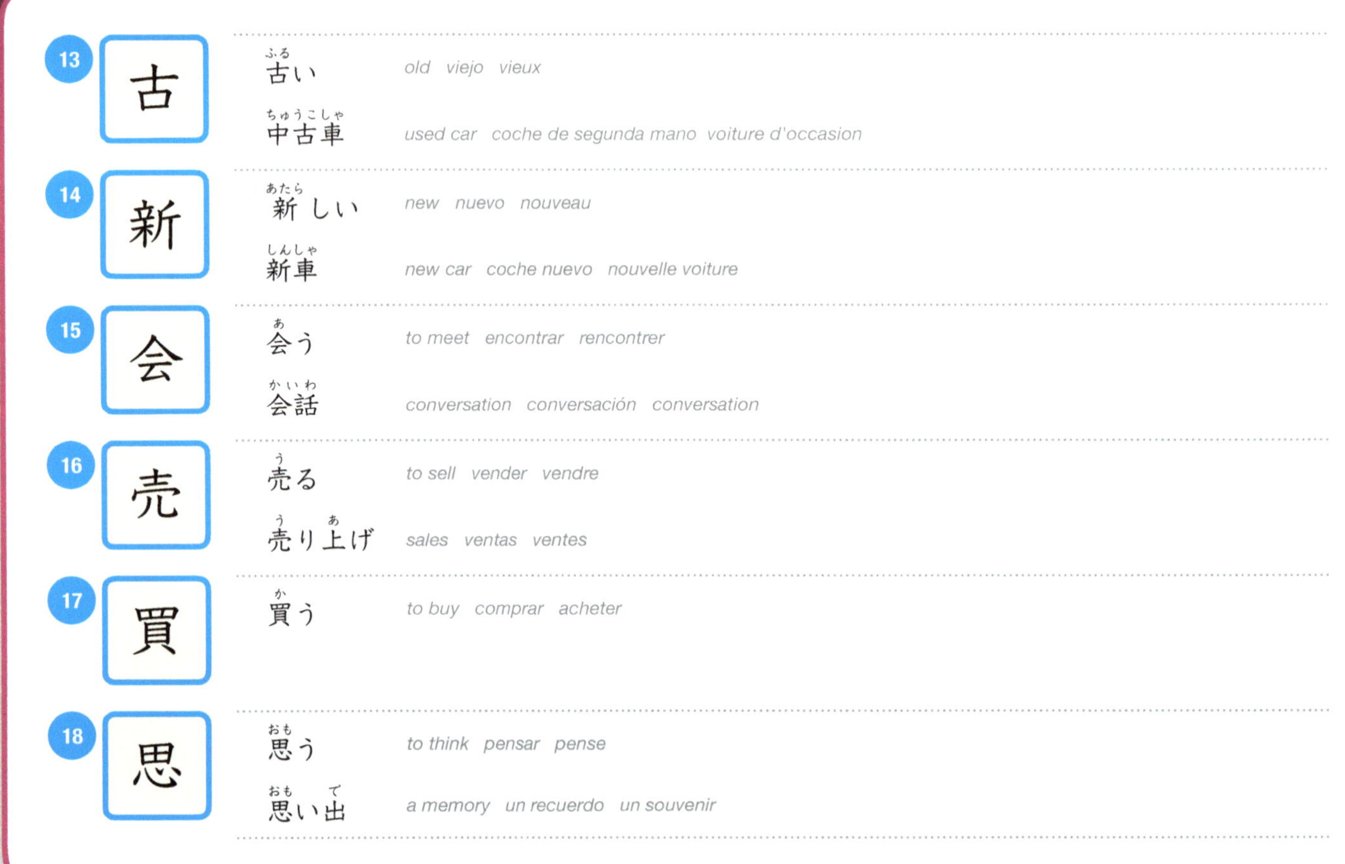

13	古	古い	old　viejo　vieux
		中古車	used car　coche de segunda mano　voiture d'occasion
14	新	新しい	new　nuevo　nouveau
		新車	new car　coche nuevo　nouvelle voiture
15	会	会う	to meet　encontrar　rencontrer
		会話	conversation　conversación　conversation
16	売	売る	to sell　vender　vendre
		売り上げ	sales　ventas　ventes
17	買	買う	to buy　comprar　acheter
18	思	思う	to think　pensar　pense
		思い出	a memory　un recuerdo　un souvenir

れんしゅう A　かんじを　かんせい　して　ください。

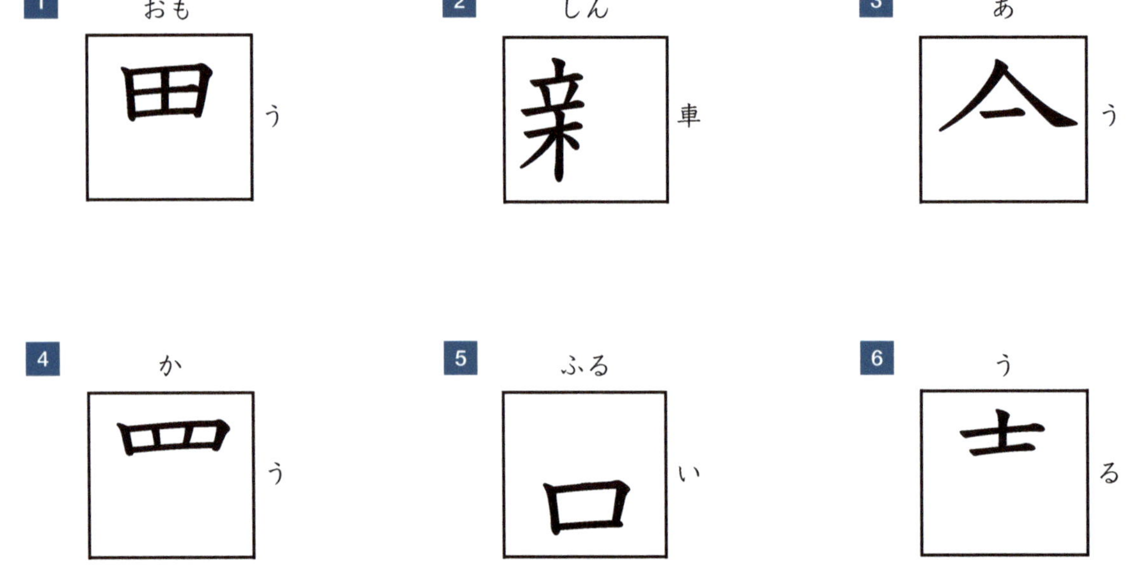

1　明日、会いましょう。

3　新車を　売る

2　中古車を　買いました。

4　いいと　思います。

れんしゅう C　＿＿＿＿の　ことばは　どう　かきますか。　1・2・3・4から　いちばん　いい　ものを　ひとつ
えらんで　ください。

1　ともだちと　ながい　かいわを　しました。

　　1　合語　　　　　　2　会語　　　　　　3　合話　　　　　　4　会話

2　なにを　かいますか。

　　1　売います　　　　2　金います　　　　3　貝います　　　　4　買います

3　あたらしい　おもちゃを　かって　あげたい　です。

　　1　新たらしい　　　2　新い　　　　　　3　新しい　　　　　4　新らしい

4　いい　おもいでが　あります。

　　1　思い出　　　　　2　忍い出　　　　　3　思い山　　　　　4　忍い山

れんしゅう D　＿＿＿＿の　ことばは　ひらがなで　どう　かきますか。　1・2・3・4から　いちばん　いい
ものを　ひとつ　えらんで　ください。

1　きのうの　売り上げは　どのくらい　ですか。

　　1　うりうえげ　　　2　かりあげ　　　　3　うりあげ　　　　4　かりうえげ

2　中古車を　かって、　すぐ　こわれました。

　　1　なかこぐるま　　2　なかふるくるま　　3　ちゅうふるしゃ　　4　ちゅうこしゃ

3　どう　思いますか。

　　1　おもいます　　　2　しいます　　　　3　とおもいます　　　4　ともいます

4 映画館図旅駅

19 後	後で（あと）	later mas tarde après	後ろ（うし）	behind detrás derrière
	〜後（に）（あと・ご）	after ~ después de ~ après ~		
20 映	映る（うつ）	to reflect reflejar refléter		
21 画	映画（えいが）	movie película film		
22 館	映画館（えいがかん）	movie theater cine cinéma		
	学生会館（がくせいかいかん）	student hall salón de estudiantes salle des étudiants		
23 図	図書館（としょかん）	library biblioteca bibliothèque		
	図（ず）	diagram diagrama diagramme		
24 旅	旅（たび）	journey viaje voyage	旅館（りょかん）	traditional Japanese inn posada tradicional japonesa auberge japonaise traditionnelle
	旅行（りょこう）	travel, vacation viaje, vacación voyage, vacances		
25 駅	駅（えき）	train station estación gare		
	駅前（えきまえ）	in front of the station frente a la estacion devant la gare		

れんしゅう A かんじで 書いて ください。

1 あと［　］で がくせいかいかん［　　　　］で あ［　］いましょう。

2 えき［　］の うし［　］ろ に としょかん［　　　］が あります。

3 なが［　］い たび［　］でした。

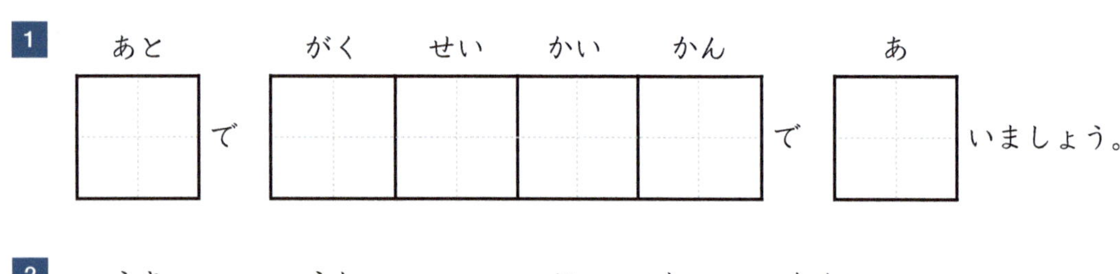

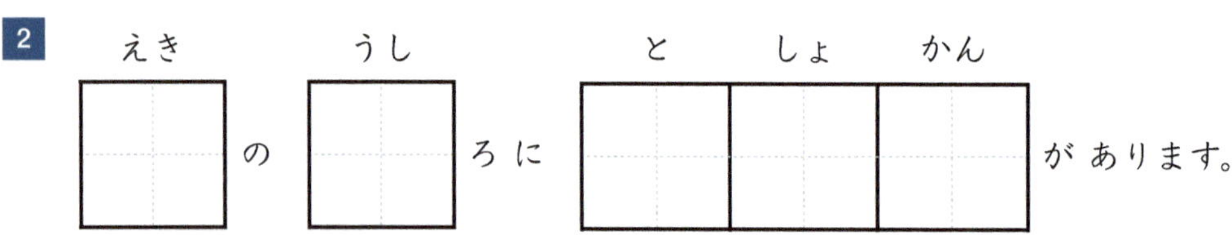

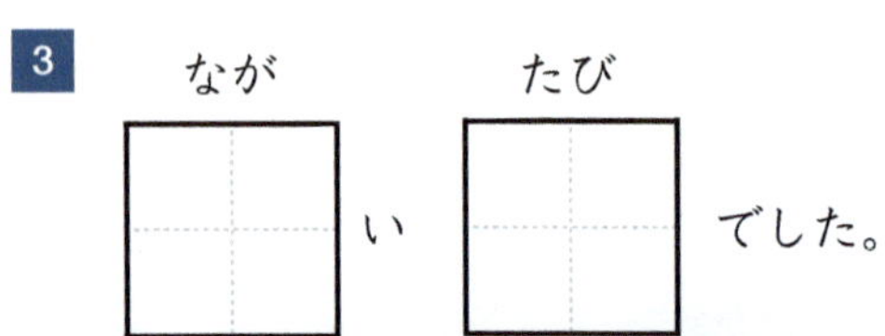

　これは　何ですか。　かんじで　書いて　ください。

1

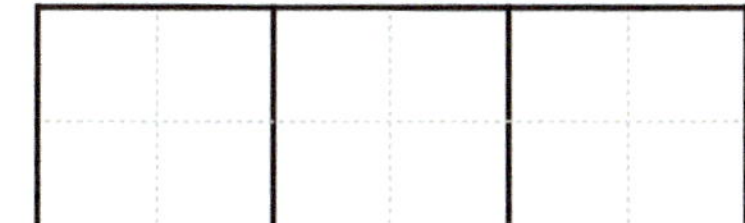

2

3

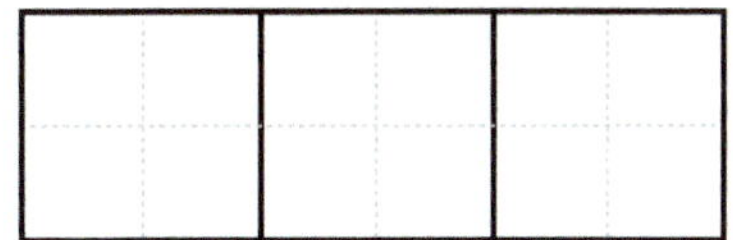

4

　＿＿＿＿の　ことばは　どう　かきますか。　1・2・3・4から　いちばん　いい　ものを　ひとつ　えらんで　ください。

1　ネパールに　たびしました。

1　旅　　　　　　　2　族　　　　　　　3　家　　　　　　　4　行

2　この　ずを　みて　ください。

1　匠　　　　　　　2　図　　　　　　　3　国　　　　　　　4　料

　＿＿＿＿の　ことばは　ひらがなで　どう　かきますか。　1・2・3・4から　いちばん　いい　ものを　ひとつ　えらんで　ください。

1　まどの　ガラスに　ゆうひが　映って　います。

1　えって　　　　　2　えいって　　　　3　うつって　　　　4　しゃって

2　駅前に　みせが　たくさん　ならんで　います。

1　えきまえ　　　　2　えきぜん　　　　3　えきうしろ　　　4　えきあと

#	漢字				
26	外	<ruby>外<rt>そと</rt></ruby>	outside fuera dehors	<ruby>外<rt>はず</rt></ruby>す	to take off/out quitarse enlever
		<ruby>外国人<rt>がいこくじん</rt></ruby>	foreigner extranjero étranger	<ruby>外<rt>はず</rt></ruby>れる	to come off se salen se détacher
27	注	<ruby>注<rt>そそ</rt></ruby>ぐ	to pour verter verser	<ruby>注<rt>つ</rt></ruby>ぐ	to fill a cup with a drink llenar una taza con una bebida remplir une tasse avec une boisson
		<ruby>注目<rt>ちゅうもく</rt></ruby>	attention atención attention		
28	意	<ruby>注意<rt>ちゅうい</rt></ruby>	caution; watch out precaución; cuidado précaution; attention	<ruby>意外<rt>いがい</rt></ruby>	unexpected, surprising inesperado, sorprendente inattendu, surprenant
		<ruby>意見<rt>いけん</rt></ruby>	opinion opinión avis		
29	不	<ruby>不足<rt>ふそく</rt></ruby>	insufficient insuficiente insuffisant		
		<ruby>不注意<rt>ふちゅうい</rt></ruby>	inattention, carelessness inatención, descuido inattention, négligence		
30	安	<ruby>不安<rt>ふあん</rt></ruby>	uneasy, worried ansiedad anxiété		
		<ruby>安<rt>やす</rt></ruby>い	cheap barato bon marché		
31	悪	<ruby>悪<rt>わる</rt></ruby>い	bad; evil mal(o) mauvais, mal		
		<ruby>悪口<rt>わるぐち</rt></ruby>	talking bad (about someone) hablar mal (de alguien) parler mal (de quelqu'un)		
32	以	<ruby>以上<rt>いじょう</rt></ruby>	(on and) above, over; that's all o más; eso es todo ou plus; c'est tout	<ruby>以外<rt>いがい</rt></ruby>	except for otro que autre que
		<ruby>以下<rt>いか</rt></ruby>	(on and) below, under abajo ci-dessous		

 注意

◉ 「<ruby>注<rt>そそ</rt></ruby>ぐ」と「<ruby>注<rt>つ</rt></ruby>ぐ」

<ruby>注<rt>そそ</rt></ruby>ぐ → 水、ビール、<ruby>酒<rt>さけ</rt></ruby>、ミルクなどを カップなどに 入れる。「水を カップに <ruby>注<rt>そそ</rt></ruby>ぐ」

→ 川や <ruby>海<rt>うみ</rt></ruby>の 水が ながれる。「川が<ruby>海<rt>うみ</rt></ruby>に<ruby>注<rt>そそ</rt></ruby>ぐ」

→ 水などを かける。「花に 水を <ruby>注<rt>そそ</rt></ruby>ぐ」

<ruby>注<rt>つ</rt></ruby>ぐ → 水、ビール、<ruby>酒<rt>さけ</rt></ruby>、ミルクなどを カップなどに 入れる。「水を カップに <ruby>注<rt>つ</rt></ruby>ぐ」

◉ 「<ruby>意外<rt>いがい</rt></ruby>」と「<ruby>以外<rt>いがい</rt></ruby>」

<ruby>意外<rt>いがい</rt></ruby> → 思っていた事と ちがう。「この ゲームは <ruby>意外<rt>いがい</rt></ruby>に むずかしい」

<ruby>以外<rt>いがい</rt></ruby> → 〜じゃなくて、ほかの 事。「ホラー<ruby>映画以外<rt>えいがいがい</rt></ruby>の <ruby>映画<rt>えいが</rt></ruby>を <ruby>見<rt>み</rt></ruby>ない」

　ただしい　ことばを　えらんで　ください。

1　この　カバンは　とても　【　安い・女い　】　です。

2　レクチャーに　【　悪口・注目　】　します。

3　一万円　【　注意・不足　】　です。

4　その　花は　【　意外・以外　】に　きれい　です。

れんしゅう B　______の　ことばは　どう　かきますか。　１・２・３・４から　いちばん　いい　ものを　ひとつ
えらんで　ください。

1　おかねが　あまり　なくて、　ふあん　です。
　　１　下安　　　　　　　　２　不安　　　　　　　３　下汝　　　　　　　４　不汝

2　うりあげの　レポートは　いじょう　です。
　　１　意味　　　　　　　　２　以上　　　　　　　３　意上　　　　　　　４　以下

3　きょう、　てんきが　とても　わるい　ですね。
　　１　悪い　　　　　　　　２　亜い　　　　　　　３　悪るい　　　　　　４　亜るい

4　へやに　はいった　あとに、　メガネを　はずしました。
　　１　花しました　　　　２　朴しました　　　３　化しました　　　４　外しました

れんしゅう C　______の　ことばは　ひらがなで　どう　かきますか。　１・２・３・４から　いちばん　いい
ものを　ひとつ　えらんで　ください。

1　つちに　みずを　注ぎました。
　　１　ついぎ　　　　　　２　つぎ　　　　　　　３　そそぎ　　　　　　４　さぎ

2　不注意の　せいで　じこが　おこりました。
　　１　ふちゅうい　　　２　ぶちゅい　　　　３　ぶちゅうい　　　４　ふちゅい

3　悪口を　いっては　いけません。
　　１　あこう　　　　　　２　あくぐち　　　　３　わるぐち　　　　４　あくち

4　その　意見は　だめだと　おもいます。
　　１　いじょう　　　　　２　いがい　　　　　３　いみ　　　　　　４　いけん

6　洋服着借貸起

33	洋	大西洋 （たいせいよう）	*Atlantic Ocean　océano Atlántico　océan Atlantique*
		洋食 （ようしょく）	*Western food　comida occidental　nourriture occidentale*
34	服	服 （ふく）	*clothes　ropa　vêtements*
		洋服 （ようふく）	*Western clothing　ropa occidental　vêtements occidentaux*
35	着	着る （き）	*to wear, to put on　usar　porter*
		着く （つ）	*to arrive　llegar　arriver*
36	借	借りる （か）	*to borrow　pedir prestado　emprunter*
		借金 （しゃっきん）	*debt, loan　deuda　dette*
37	貸	貸す （か）	*to lend　prestar　prêter*
		貸し～ （か）	*a ~ for rent　un(a) ~ para alquilar　un(e) ~ à louer*
38	起	起きる （お）	*to wake/get up　levantarse　se lever*
		起こる （お）	*to occur, to happen　suceder, ocurrir　se produire, survenir*

下着 （したぎ）　*underwear　ropa interior　sous-vêtement*

れんしゅう A　かんじで　書いて　ください。

1

2

3

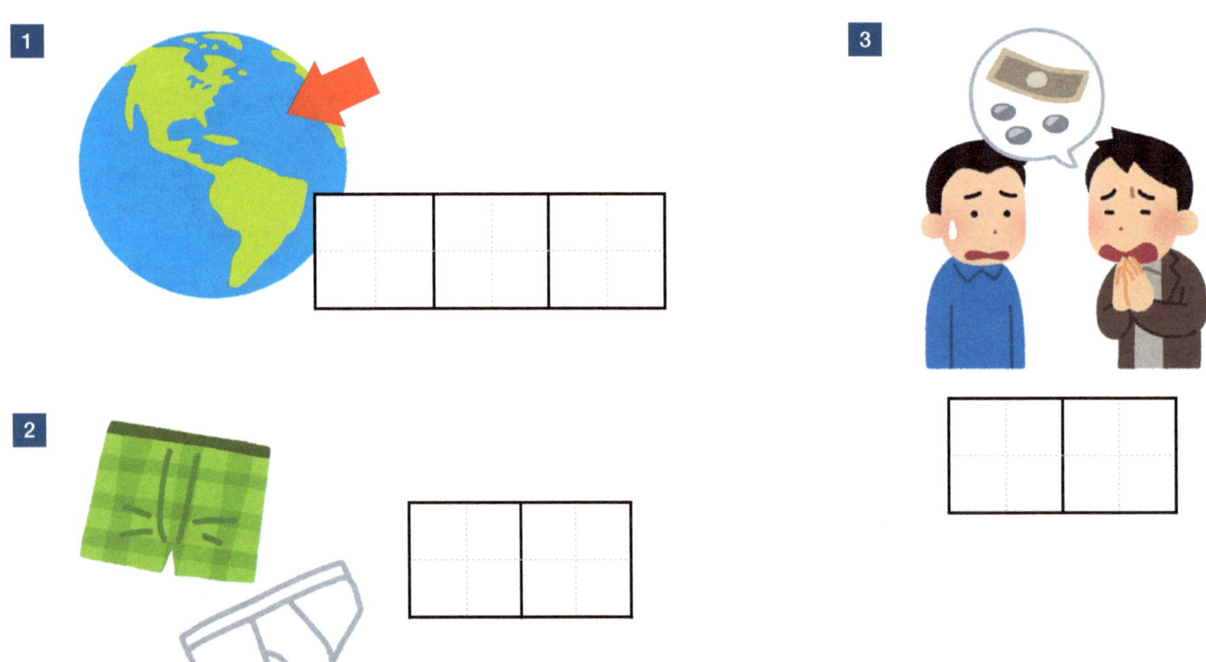

　かんじを　かんせい　して　ください。

1 ふく
月

2 か
イ　りる

3 お
走　きる

4 よう
羊　食

4 き
羑　る

　______の　ことばは　どう　かきますか。　1・2・3・4から　いちばん　いい　ものを　ひとつ
えらんで　ください。

1 6じに　<u>つく</u>　つもり　です。

　　1　老く　　　　　　2　付く　　　　　　3　注く　　　　　4　着く

2 なにが　<u>おこりましたか</u>。

　　1　送こりました　　2　送りました　　3　起こりました　　4　起りました

3 <u>かしほん</u>を　わすれました。

　　1　借し木　　　　　2　貸し木　　　　　3　借し本　　　　　4　貸し本

　______の　ことばは　ひらがなで　どう　かきますか。　1・2・3・4から　いちばん　いい
ものを　ひとつ　えらんで　ください。

1 <u>洋服</u>の　みせで　かいものする　ことが　すき　です。

　　1　せいふく　　　　2　ようふく　　　　3　たいよう　　　4　せいさん

2 この　セーターを　<u>借りても</u>　いい　ですか。

　　1　か　　　　　　　2　かす　　　　　　3　け　　　　　　4　せ

3 アメリカと　アフリカの　あいだに　<u>大西洋</u>が　あります。

　　1　おおへいよう　　2　たいへいよう　　3　おおせいよう　　4　たいせいよう

_____の　ことばは　どう　かきますか。　１・２・３・４から　いちばん　いい　ものを　ひとつ
えらんで　ください。

1　しごとは　じゅんちょう　です。

　　１　仕事　　　　　　２　士事　　　　　３　土事　　　　　４　吐事

2　にほんごの　かいわは　まだ　むずかしい　です。

　　１　話事　　　　　　２　会言　　　　　３　言事　　　　　４　会話

3　たいせいようって　きれい　ですね。

　　１　大西羊　　　　　２　大西洋　　　　３　太西羊　　　　４　太西洋

4　いちばん　おおきい　えきは　どこ　ですか。

　　１　駅　　　　　　　２　騒　　　　　　３　尾　　　　　　４　所

5　あした、　たんぼで　はたらきます。

　　１　ロんぼ　　　　　２　田ぼ　　　　　３　田んぼ　　　　４　ロぼ

6　おおさかに　いくときに　りょかんに　とまりますか。

　　１　族飲　　　　　　２　旅飲　　　　　３　族館　　　　　４　旅館

7　とうきょうに　いる　ひとは　どの　くらい　いますか。

　　１　中東　　　　　　２　大阪　　　　　３　京都　　　　　４　東京

8　おととい、　なにを　かいましたか。

　　１　買いました　　　２　書いました　　３　貝いました　　４　売いました

9　この　DVDを　かして　あげます。

　　１　代して　　　　　２　貸して　　　　３　借して　　　　４　賃して

10　かれは　みみが　おおきい　ですね。

　　１　目　　　　　　　２　手　　　　　　３　ロ　　　　　　４　耳

_____の　ことばは　ひらがなで　どう　かきますか。　1・2・3・4から　いちばん　いい　ものを
ひとつ　えらんで　ください。

1　体長1メートルの　サメ　です。

　　1　からだちょう　　　2　たいなが　　　　3　たいちょう　　　4　からだなが

2　かのじょの　事が　すき　です。

　　1　もの　　　　　　　2　こと　　　　　　3　かだ　　　　　　4　きご

3　図書館まで　はしりました。

　　1　としかん　　　　　2　ずしょかん　　　3　としょかん　　　4　ずかきかん

4　安い　ものだけ　かいます。

　　1　やすい　　　　　　2　たかい　　　　　3　よい　　　　　　4　かるい

5　南口で　でて　ください。

　　1　せいくち　　　　　2　なんぐち　　　　3　みなみぐち　　　4　にしくち

6　いい　思い出が　ありません。

　　1　わいで　　　　　　2　そいしゅつ　　　3　おもいしゅ　　　4　おもいで

7　かのじょの　かおが　かがみに　映って　います。

　　1　うつって　　　　　2　うって　　　　　3　つって　　　　　4　ぱって

8　ワインを　この　グラスに　注いで　くれますか。

　　1　そいで　　　　　　2　すそいで　　　　3　すすいで　　　　4　ついで

9　まいにち、　9じに　起きます。

　　1　おきます　　　　　2　あきます　　　　3　しきます　　　　4　まきます

10　わたしの　スコアは　90以下　でした。

　　1　いじょう　　　　　2　いか　　　　　　3　いっか　　　　　4　いじょ

1日目 いちにちめ	2日目 ふつかめ	3日目 みっかめ	4日目 よっかめ	5日目 いつかめ	6日目 むいかめ
質問題品地味	料理有漢字文	特別力正堂急	建物家族真写	飯朝昼夕夜早	立歌歩走死作

7日目（なのかめ）　第2週　小テスト

39	質	質がいい（しつ）	good quality　buena calidad　bonne qualité		
		人質（ひとじち）	hostage　rehén　otage		
40	問	質問（しつもん）	question(s)　pregunta(s)　question(s)		
		問い（と）	question　pregunta　question		
41	題	問題（もんだい）	problem　problema　problème		
		話題（わだい）	topic　tema　sujet		
42	品	食品（しょくひん）	food products　productos alimenticios produits alimentaires	下品（な）（げひん）	vulgar, dirty　vulgaridad　vulgarité
		上品（な）（じょうひん）	elegant　elegante　élégant	品質（ひんしつ）	product quality　calidad del producto qualité du produit
43	地	地下（ちか）	basement　sótano　sous-sol	生地（きじ）	materials; fabric　materiales; tela matériaux; tissu
		土地（とち）	land　tierra　terrain	地図（ちず）	map　mapa　carte
44	味	味（あじ）	taste　gusto　goût	意味（いみ）	meaning　significado　signification
		不味い（まず）	disgusting　insípido　insipide	地味（な）（じみ）	plain　sobrio　sobre

れんしゅう A　ただしい　ことばを　えらんで　ください。

1　この　ハンバーグの　【　話題・味　】が　いい　ですね。

2　【　上品・下品　】な　ことを　言っては　いけません。

3　【　地図・土地　】を　見て、　うんてんして　ください。

4　これは　とても　大きい　【　意味・問題　】　ですね。

5　この　ビールは　【　地味・質　】が　いい　です。

6　映画の（えいが）　【　話題・問題　】は　日本と　中国の　かんけいについて　です。

7　【　地下・食品　】の　かいしゃで　はたらいて　います。

8　この　服の（ふく）【　生地・土地　】が　いい　です。

 どの かんじが ただしい ですか。 ただしい かんじを ○で えらんで ください。

1 しつが いい

質 vs 賃

3 あじ

妹 vs 味

5 ち下

地 vs 他

2 質もん

問 vs 間

4 上ひん

品 vs 晶

6 問だい

越 vs 題

 _____の ことばは どう かきますか。 1・2・3・4から いちばん いい ものを ひとつ えらんで ください。

1 この へんの とちが たかい ですよ。

1 地生　　　2 生地　　　3 地土　　　4 土地

2 せんせいに しつもんを ききました。

1 賃間　　　2 質問　　　3 貸聞　　　4 買門

3 この さかなは まずい です。

1 不味い　　　2 非味い　　　3 不未い　　　4 非末い

 _____の ことばは ひらがなで どう かきますか。 1・2・3・4から いちばん いい ものを ひとつ えらんで ください。

1 人質を すくいました。

1 ひとじち　　　2 ひとしつ　　　3 じんしつ　　　4 じんじつ

2 問いに ただしく こたえて ください。

1 しつい　　　2 とい　　　3 あい　　　4 もんい

3 たいふうが くるので、地下に にげましょう。

1 ちか　　　2 ちじょう　　　3 きじ　　　4 かち

4 あの カバンの 品質で ゆうめい です。

1 しなじち　　　2 しなじつ　　　3 ひんしつ　　　4 ひんじち

8　料理有漢字文

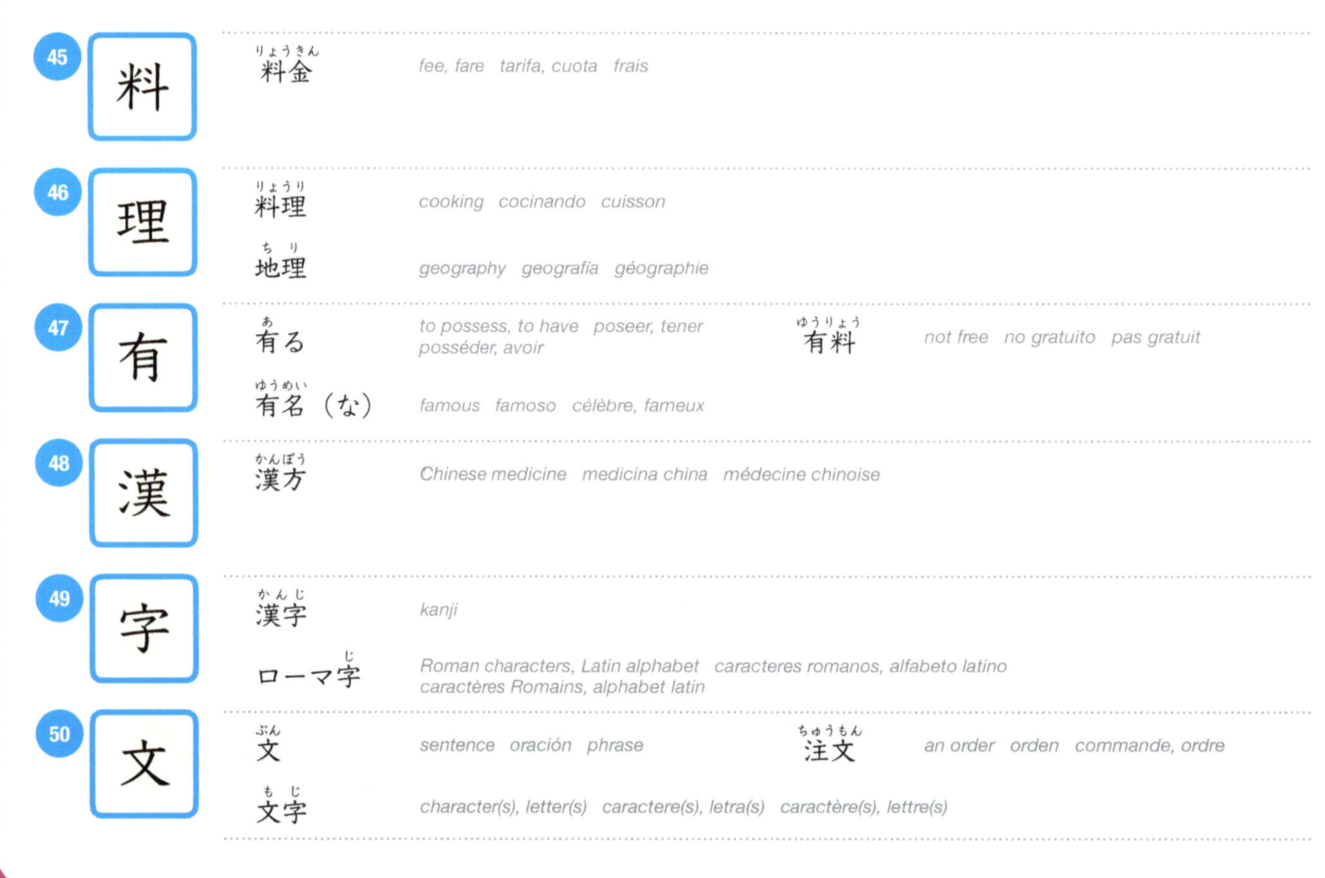

45	料	りょうきん 料金	fee, fare　tarifa, cuota　frais		
46	理	りょうり 料理	cooking　cocinando　cuisson		
		ち り 地理	geography　geografía　géographie		
47	有	あ 有る	to possess, to have　poseer, tener posséder, avoir	ゆうりょう 有料	not free　no gratuito　pas gratuit
		ゆうめい 有名（な）	famous　famoso　célèbre, fameux		
48	漢	かんぽう 漢方	Chinese medicine　medicina china　médecine chinoise		
49	字	かんじ 漢字	kanji		
		ローマ字 じ	Roman characters, Latin alphabet　caracteres romanos, alfabeto latino caractères Romains, alphabet latin		
50	文	ぶん 文	sentence　oración　phrase	ちゅうもん 注文	an order　orden　commande, ordre
		も じ 文字	character(s), letter(s)　caractere(s), letra(s)　caractère(s), lettre(s)		

れんしゅう **A**　かんじで　書いて　ください。

1

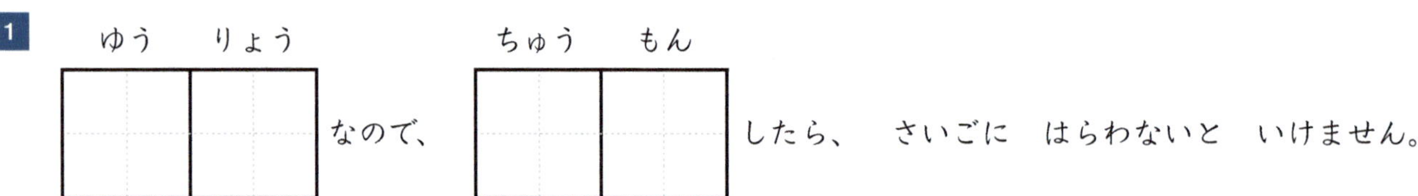

ゆう　りょう 　　　　　　ちゅう　もん

[　　][　　]　なので、　[　　][　　]　したら、　さいごに　はらわないと　いけません。

2

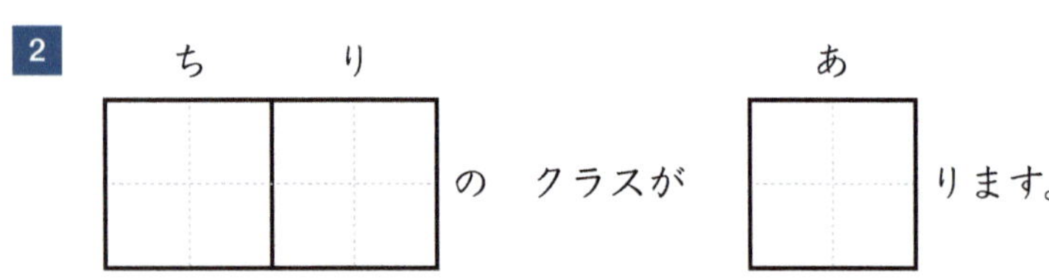

ち　り 　　　　　　　　あ

[　　][　　]　の　クラスが　[　　]　ります。

3

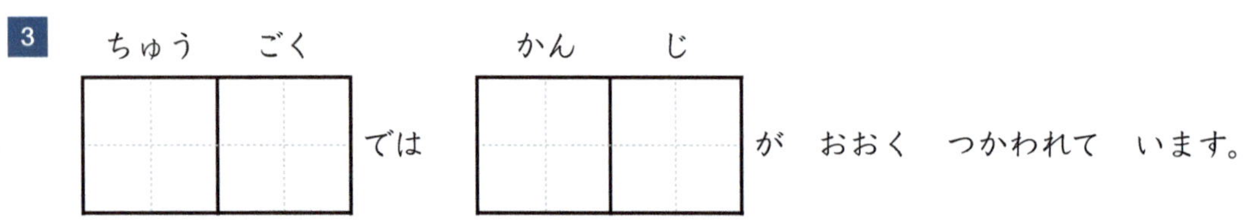

ちゅう　ごく 　　　　　　かん　じ

[　　][　　]　では　[　　][　　]　が　おおく　つかわれて　います。

1　　　　　　
漢方を　つかいます。

3　　　　　　
イベントの　料金

2　　　　　　　　　　　　
この有名な　料理は　有料　です。

れんしゅう C　＿＿＿＿の　ことばは　どう　かきますか。　1・2・3・4から　いちばん　いい　ものを　ひとつ
えらんで　ください。

1　にほんの　ちりを　べんきょう　して　います。

1　池黒　　　　　　　2　他里　　　　　　　3　地理　　　　　　4　也裡

2　あの　コンサートは　ゆうりょう　です。

1　明材　　　　　　　2　明料　　　　　　　3　有料　　　　　　4　有材

3　あなたの　もじは　とても　きれい　ですね。

1　文字　　　　　　　2　宇　　　　　　　　3　問了　　　　　　4　問宇

4　かんぽうを　つかった　ことが　ありますか。

1　懐方　　　　　　　2　漢方　　　　　　　3　懐万　　　　　　4　漢万

れんしゅう D　＿＿＿＿の　ことばは　ひらがなで　どう　かきますか。　1・2・3・4から　いちばん　いい
ものを　ひとつ　えらんで　ください。

1　おなまえを　ローマ字で　かいて　ください。

1　れーむじ　　　　　2　そーみじ　　　　　3　くーもじ　　　　4　ろーまじ

2　有りがとう　ございます。

1　えり　　　　　　　2　おり　　　　　　　3　あり　　　　　　4　さり

3　この　文を　えいごで　かいて　みて　ください。

1　ふうん　　　　　　2　ぶん　　　　　　　3　ふん　　　　　　4　ぷん

4　おかあさんの　料理が　だいすき　です。

1　りょうり　　　　　2　ちり　　　　　　　3　ゆうりょう　　　4　きじ

51 特	とく 特に — especially　especialmente　en particulier	とくゆう 特有（の）— unique to　únicos　uniques
	とくばい 特売 — special sale　venta especial　vente spéciale	
52 別	べつ 別（の）— another, separate　separada, otro　distincte, autre	わか 別れる — to break up, to leave someone　romper, dejar a alguien　rompre, laisser quelqu'un
	とくべつ 特別（の）— special　especial　spécial	べつべつ 別々（の）— separate(ly)　separadamente　séparément
53 力	ちから 力 — power　poder, fuerza　pouvoir	すいりょく 水力 — water power　poder del agua　pouvoir de l'eau
	でんりょく 電力 — electric power　energia electrica　pouvoir électrique	にゅうりょく 入力 — input (data)　aporte　saisir
54 正	ただ 正しい — correct, right　correcto　correct	
	まさ 正に — exactly, truly　exactamente　exactement	
55 堂	しょくどう 食堂 — dining hall　comedor　salle à manger	
	せいせいどうどう 正々堂々 — fair and square　justo y cuadrado　juste et carré	
56 急	いそ 急ぐ — to hurry　apurarse　se dépêcher	きゅうこう 急行 — express (train)　(tren) expreso　(train) express
	きゅう 急に — suddenly, out of nowhere　de repente　soudainement	

れんしゅう　A　漢字で　書いて　ください。

1　べつ

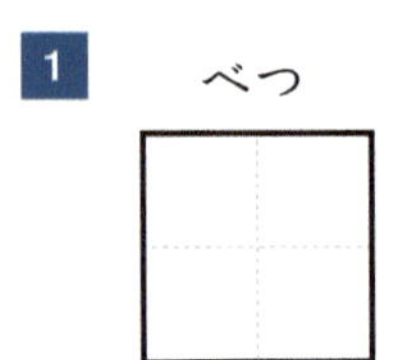

2　まさ
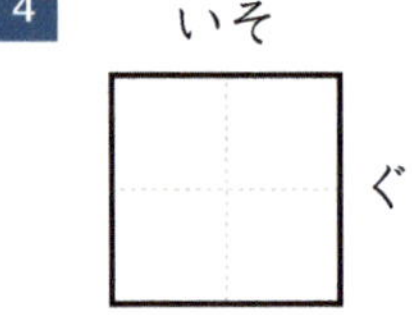
に

3　どう
食 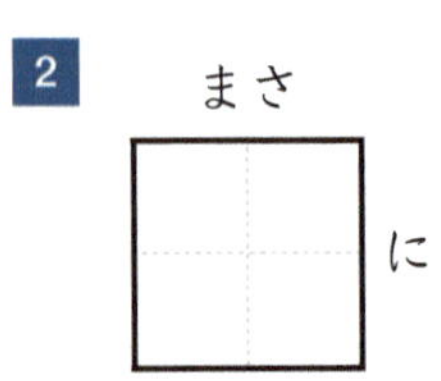

4　いそ
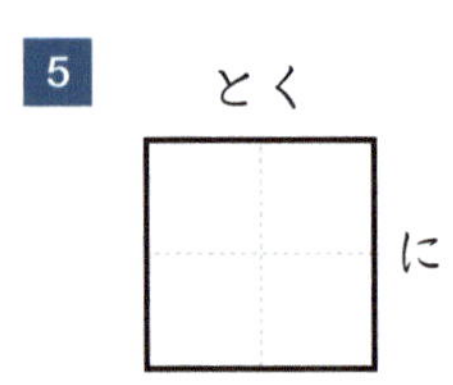
ぐ

5　とく
に

6　ちから
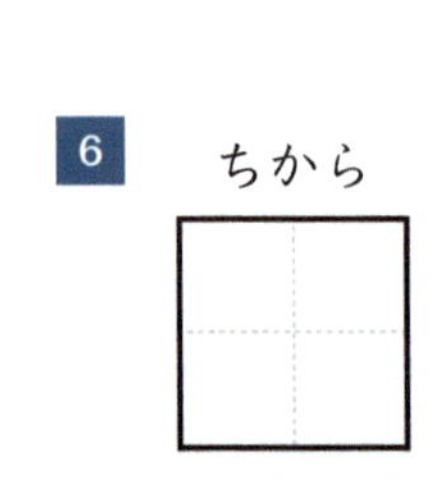

 漢字（かんじ）を　かんせい　して　ください。

1 とく

牛　に

2 どう

正々　呈　々

3 べつ

刂　々

4 きゅう

心　に

5 ただ

正　しい

 ＿＿＿の　ことばは　どう　かきますか。　1・2・3・4から　いちばん　いい　ものを　ひとつ　えらんで　ください。

1　きょう、　しょくどうで　たべましょう。

1　良星　　　　　　2　食皇　　　　　　3　良堂　　　　　　4　食堂

2　じぶんの　じょうほうを　にゅうりょく　して　ください。

1　意味　　　　　　2　込加　　　　　　3　入力　　　　　　4　人協

3　べつべつで　はらいます。

1　別々　　　　　　2　正々　　　　　　3　堂々　　　　　　4　急々

 ＿＿＿の　ことばは　ひらがなで　どう　かきますか。　1・2・3・4から　いちばん　いい　ものを　ひとつ　えらんで　ください。

1　急行の　でんしゃに　のって　かえりました。

1　きゅうこう　　　2　いそいき　　　　3　いそぎいき　　　4　いそぎこう

2　正に　その　とおり　です。

1　ただし　　　　　2　せい　　　　　　3　まさ　　　　　　4　ただ

3　きょうは　特売の　ひ　です。

1　とくべつ　　　　2　とくばい　　　　3　とくゆう　　　　4　とくどく

10 建物家族真写

57 **前**	前の～ (まえ)	the ~ in front; the previous ~ / ~ delantе; anterior ~ / ~ précédent	前書き (まえが)	preface prefacio préface
	～前に (まえ)	~ ago; before ~ / hace ~, antes de ~ / il y a ~		
58 **建**	建てる (た)	to build, to construct construir construire		
	建前 (たてまえ)	facade; the side one shows to the public fachada; el lado de uno mismo que muestran al público / façade; le côté de soi qu'ils montrent au public		
59 **物**	物 (もの)	stuff, thing cosa, objeto chose, objet	物事 (ものごと)	things cosas choses
	建物 (たてもの)	building edificio imeuble	食べ物 (た もの)	food comida nourriture
60 **家**	家 (いえ・うち)	house, home casa maison	家事 (かじ)	housework, chores tareas de la casa / travaux ménagers
	大家 (おおや)	landlord propietario propriétaire		
61 **族**	家族 (かぞく)	family familia famille		
	水族館 (すいぞくかん)	aquarium acuario aquarium		
62 **真**	真理 (しんり)	truth verdad vérité	真っ赤 (ま か)	deep red rojo brillante rouge vif
	真っ黒 (ま くろ)	pitch black negro como boca de lobo / noir d'encre	真ん中 (ま なか)	center medio centre
63 **写**	写す (うつ)	to take a picture; to make a copy fotografiar; copiar prendre une photo; copier		
	写真 (しゃしん)	picture, photo fotografía photographier		

れんしゅう A 漢字(かんじ)で 書いて ください。

1

3

2

4

［ ］べ［ ］

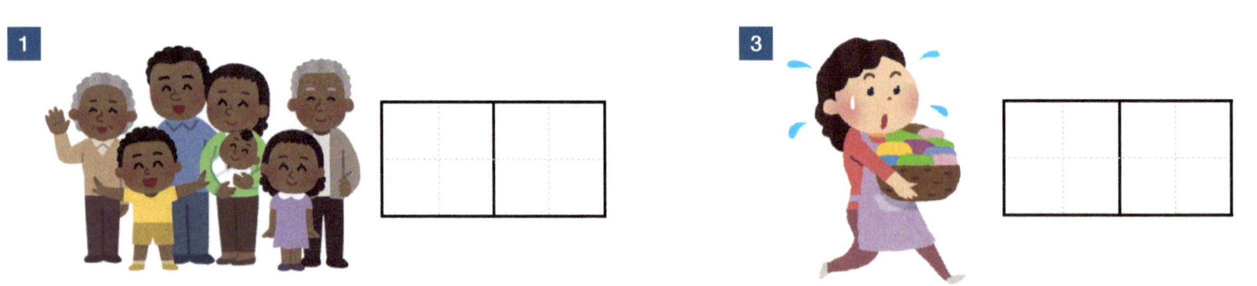

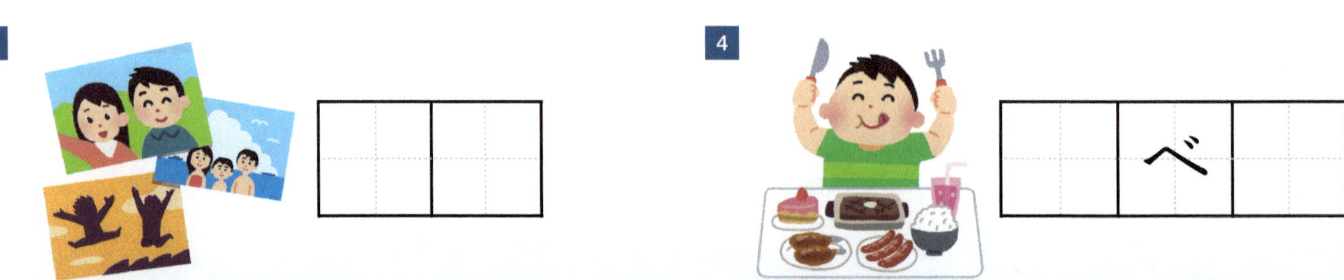

1　十 ＋ 具 ＝ □

3　宀 ＋ 豕 ＝ □

2　宀 ＋ 与 ＝ □

4　聿 ＋ 又 ＝ □

れんしゅう C　＿＿＿＿の　ことばは　どう　かきますか。　1・2・3・4から　いちばん　いい　ものを　ひとつ
えらんで　ください。

1　あした、　すいぞくかんに　いきます。

　１　水族棺　　　　　２　水族館　　　　　３　氷族館　　　　　４　氷族棺

2　まるの　まんなかに　ボールを　なげて　ください。

　１　真ん中　　　　　２　真中　　　　　３　具ん中　　　　　４　具中

3　ものごとについての　ほんが　としょかんに　たくさん　あります。

　１　真理　　　　　２　家事　　　　　３　切建　　　　　４　物事

4　どんな　うちに　すんで　いますか。

　１　豚　　　　　２　家　　　　　３　内　　　　　４　肉

れんしゅう D　＿＿＿＿の　ことばは　ひらがなで　どう　かきますか。　1・2・3・4から　いちばん　いい
ものを　ひとつ　えらんで　ください。

1　ホワイトボードに　かかれた　ことを　ノートに　写して　ください。

　１　さして　　　　　２　しゃして　　　　　３　うつして　　　　　４　うして

2　アパートの　大家は　やさしい　ひと　です。

　１　おおや　　　　　２　だいか　　　　　３　たいいえ　　　　　４　だいうち

3　かれの　しんせつさは　建前だけ　です。

　１　けんぜん　　　　　２　たてまえ　　　　　３　たぜん　　　　　４　たちまえ

4　つきが　真っ赤に　なる　はなしが　あります。

　１　まっさか　　　　　２　まっあか　　　　　３　まさっか　　　　　４　まっか

64 毎	まいにち 毎日	every day todos los días chaque jour	まいつき 毎月	every month todos los meses chaque mois
	まいしゅう 毎週	every week todas las semanas chaque semaine	まいとし 毎年	every year todos los años chaque année
65 飯	ご飯（はん）	meal; cooked rice comida; arroz cocido repas; riz cuit		
66 朝	あさ 朝	morning mañana matin	けさ 今朝	this morning esta mañana ce matin
	あさ　はん 朝ご飯	breakfast desayuno petit-déjeuner	まいあさ 毎朝	every morning todas las mañanas chaque matin
67 昼	ひる 昼	daytime, afternoon tarde, tiempo de día après-midi, jour	ひるやす 昼休み	lunch break pausa para almorzar heure du déjeuner
	ひる　はん 昼ご飯	lunch almuerzo déjeuner	ひるま 昼間	daytime tiempo de día jour, journée
68 夕	ゆうがた 夕方	evening time noche soirée	ゆう　はん 夕ご飯	dinner, supper cena dîner
	ゆうひ 夕日	the setting sun la puesta del sol coucher de soleil	たなばた 七夕	Tanabata star festival festival de estrellas fête des étoiles
69 夜	よる 夜	night noche nuit	こんや 今夜	tonight esta noche ce soir
	よなか 夜中	middle of the night medianoche minuit	よ　あ 夜明け	dawn, daybreak amanecer aube
70 早	はや 早い	quick; early rápido; temprano rapide; tôt		
	あさはや 朝早く	early in the morning temprano en la mañana tôt le matin		

れんしゅう A　漢字（かんじ）で　書いて　ください。

1

け　さ　　　　　　あさ　　　　はん

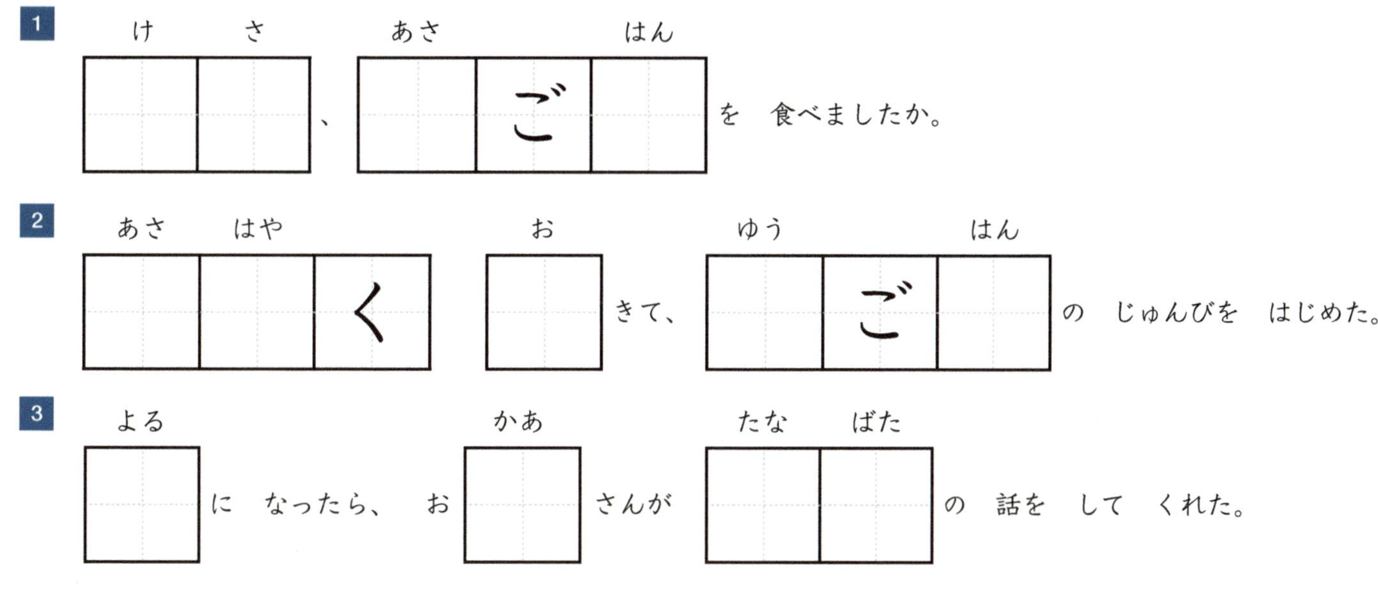

を 食べましたか。

2

あさ　はや　　　　　　　　お　　　　ゆう　　　はん

3

よる　　　　　　　　　　かあ　　　　　たな　ばた

に　なったら、　お　　　さんが　　　　　　の 話を して くれた。

　　_____の ことばは どう かきますか。　1・2・3・4から いちばん いい ものを ひとつ
えらんで ください。

1　ごはんが できたので、　おとうさんが みなを よびました。

　　1　阪　　　　　　　2　飯　　　　　　　3　ご飯　　　　　　4　ご阪

2　ちゅうもんした カメラが はやく とどきました。

　　1　早く　　　　　　2　古く　　　　　　3　卓く　　　　　　4　干く

3　まいあさ、　あさごはんを たべますか。

　　1　海昼　　　　　　2　母夕　　　　　　3　毎朝　　　　　　4　毒明

　　_____の ことばは ひらがなで どう かきますか。　1・2・3・4から いちばん いい
ものを ひとつ えらんで ください。

1　夜中に どろぼうが いえに はいって きました。

　　1　よのなか　　　　2　よなか　　　　　3　やなか　　　　　4　ひるま

2　夕日は にしに しずみます。

　　1　ゆにち　　　　　2　よじつ　　　　　3　やび　　　　　　4　ゆうひ

3　しゃちょうは 昼に もどる はず です。

　　1　あさ　　　　　　2　よる　　　　　　3　ひる　　　　　　4　ま

71	国	くに 国	country país pays	ぼこく 母国	country of origin país de origen pays d'origine
		こくご 国語	national language idioma nacional langue nationale		
72	立	た 立つ	to stand (up) pararse, estar de pie se tenir debout, se lever		
		た 立てる	to stand (something) up poner (algo) mettre (quelque chose)		
73	歌	うた 歌	song canción chanson	かしゅ 歌手	singer cantante chanteur
		うた 歌う	to sing cantar chanter	こっか 国歌	national anthem himno nacional hymne national
74	歩	ある 歩く	to walk caminar marcher		
75	走	はし 走る	to run correr courir		
		はし だ 走り出す	to start running empezar a correr commencer à courir		
76	死	し 死	death muerte la mort	したい 死体	a dead body cuerpo muerto cadavre
		し 死ぬ	to die morir mourir	きゅうし 急死	sudden death la muerte súbita mort subite
77	作	つく 作る	to make hacer, fabricar faire, créer	さくぶん 作文	a written composition composición composition
		さっか 作家	writer escritor écrivain	さくひん 作品	a work la obra l'oeuvre

---

れんしゅう A　ただ
正しい　ことばを　えらんで　ください。

1　いちばん　好きな　【　飲・歌　】は　何ですか。

2　【　死・花　】って　こわい　ですね。

3　かねが　なったら、　私は　【　立って・作って　】　かえりました。

4　家から　【　売り上げ・走り出し　】ました。

5　その　【　作品・昨晶　】は　すてき　ですね。

6　【　歩いて・聞いて　】　学校に　行きました。

7　チンさんの　【　国歌・母国　】は　どんな　ところ　ですか。

　どの　漢字が　正しい　ですか。　正しい　漢字を　○で　えらんで　ください。

1　か手

歌　vs　炊

3　急し

死　vs　苑

5　たてる

泣　vs　立

2　あるく

少　vs　歩

4　さく文

作　vs　昨

6　はしり出す

寺　vs　走

れんしゅう C　＿＿＿の　ことばは　どう　かきますか。　1・2・3・4から　いちばん　いい　ものを　ひとつ　えらんで　ください。

1　かわで　したいが　みつけられました。

1　死体　　　　　2　花体　　　　　3　死休　　　　　4　花休

2　にほんって、　もりが　たくさん　ある　くに　ですか。

1　国　　　　　2　医　　　　　3　園　　　　　4　王

3　ここで　はしらないで　ください。

1　橋　　　　　2　走　　　　　3　歩　　　　　4　足

れんしゅう D　＿＿＿の　ことばは　ひらがなで　どう　かきますか。　1・2・3・4から　いちばん　いい　ものを　ひとつ　えらんで　ください。

1　あの　くにの　国歌は　きれい　ですね。

1　くにか　　　　　2　こくた　　　　　3　こっか　　　　　4　こくうた

2　そとで　歩くことが　好き　です。

1　いく　　　　　2　はしく　　　　　3　あゆく　　　　　4　あるく

3　はたを　じめんに　立てました。

1　たて　　　　　2　かって　　　　　3　りて　　　　　4　たって

4　この　ほんの　作家は　わたしの　しりあい　です。

1　つっか　　　　　2　さっか　　　　　3　つくいえ　　　　　4　さくや

_____の　ことばは　どう　かきますか。　１・２・３・４から　いちばん　いい　ものを　ひとつ
えらんで　ください。

1　おじいさんは　りょこうして　いた　ときに　きゅうし　しました。

　　１　花火　　　　　　　２　死刑　　　　　　３　急死　　　　　　４　即死

2　ちからが　もっと　ひつよう　です。

　　１　多体　　　　　　　２　地体　　　　　　３　夕　　　　　　　４　力

3　しゅみは　はしる　ことです。

　　１　走る　　　　　　　２　徒る　　　　　　３　寺る　　　　　　４　歩る

4　キムチ　ごはんが　だい　すき　です。

　　１　ご仮　　　　　　　２　ご反　　　　　　３　ご阪　　　　　　４　ご飯

5　よく　カラオケで　ひとりで　うたいます。

　　１　飲　　　　　　　　２　歌　　　　　　　３　次　　　　　　　４　欠

6　ひるごはんに　サーモンを　たべました。

　　１　昼　　　　　　　　２　尺　　　　　　　３　石　　　　　　　４　夕

7　その　ツナは　まずい　ですよ。

　　１　否末い　　　　　　２　嫌末い　　　　　３　不味い　　　　　４　非味い

8　せんせい、　この　かんじは　どういう　いみ　ですか。

　　１　意味　　　　　　　２　位妹　　　　　　３　井美　　　　　　４　泣沫

9　ふねの　りょうきんを　はらわないと　いけません。

　　１　領金　　　　　　　２　斗金　　　　　　３　料金　　　　　　４　良金

10　ただしい　ことを　いわなければ、　こまります。

　　１　止しい　　　　　　２　止い　　　　　　３　正しい　　　　　４　正い

_____の ことばは ひらがなで どう かきますか。 1・2・3・4から いちばん いい もの を
ひとつ えらんで ください。

1　正々堂々 ゲームを しましょう。

　　　1　ただどど　　　　　2　せっせどうどう　　3　せせどど　　　　4　せいせいどうどう

2　漢方を けいけんした ことが ありますか。

　　　1　けんり　　　　　　2　かんじ　　　　　　3　かんぽう　　　　4　きゃんぷ

3　あの カバンの 品質が いい ですよ。

　　　1　ひんせい　　　　　2　ひんしつ　　　　　3　せいひん　　　　4　しなしつ

4　真理だけ ほしい です。

　　　1　しんり　　　　　　2　すんら　　　　　　3　れいし　　　　　4　すいろ

5　特別な やりかたで します。

　　　1　もちはつ　　　　　2　とくべつ　　　　　3　もちべつ　　　　4　べつべつ

6　夕方まで まって いました。

　　　1　ゆかた　　　　　　2　ゆうがた　　　　　3　おんせん　　　　4　ひるま

7　今朝、 すばらしい ことを みました。

　　　1　いまさ　　　　　　2　いまあさ　　　　　3　けさ　　　　　　4　こんあさ

8　いっしょに 水族館に いきませんか。

　　　1　みずそっかん　　　2　みずかぞく　　　　3　すぞっかん　　　4　すいぞくかん

9　しゅくだいを 早く ていしゅつ したほうが いいと おもいます。

　　　1　せまく　　　　　　2　はやく　　　　　　3　あおく　　　　　4　よく

10　その 建物は ぎんこう ですか。

　　　1　けんこう　　　　　2　けんりつ　　　　　3　たてまえ　　　　4　たてもの

<table>
<tr><td>いちにちめ
1日目</td><td>ふつかめ
2日目</td><td>みっかめ
3日目</td><td>よっかめ
4日目</td><td>いつかめ
5日目</td><td>むいかめ
6日目</td></tr>
<tr><td>習少多近社便利</td><td>町帰道海空心</td><td>試験勉強用使</td><td>音楽発店開員</td><td>犬鳥牛魚主公</td><td>場工計台同受</td></tr>
</table>

なのかめ
7日目

第３週　小テスト

習少多近社便利

| 78 | 習 | 習う (なら) to learn, to take lessons　aprender, tomar lecciones　apprendre, prendre des leçons |
| | | 見習う (みなら) to watch and learn　aprender con el ejemplo　apprendre par l'exemple |

| 79 | 少 | 少ない (すく) few　pocos, algunos　quelques | 少し (すこ) a little (bit)　un poco　un peu |
| | | 少年 (しょうねん) a young boy　chico, niño　garçon | |

| 80 | 多 | 多い (おお) a lot　muchos　beaucoup | 多少 (たしょう) somewhat, slightly　un poco　quelque peu |
| | | 多分 (たぶん) maybe　tal vez　peut-être | |

| 81 | 近 | 近い (ちか) near(by)　cerca, cerrar　fermer, proche | 近しい (ちか) close (relationship)　(relación) estrecha　(relation) étroite |
| | | 近々 (ちかちか) soon　pronto　bientôt | |

| 82 | 社 | 会社 (かいしゃ) company　empresa, compañía　entreprise | 入社 (にゅうしゃ) joining a company　uniéndose a la empresa　rejoindre l'entreprise |
| | | 社長 (しゃちょう) company president　presidente de la empresa　président de l'entreprise | |

| 83 | 便 | 便 (びん) flights　vuelos　vols | 不便（な）(ふべん) inconvenient　inconveniencia　incommode |
| | | 小便 (しょうべん) urine, pee　mear　pisse | |

| 84 | 利 | 便利（な）(べんり) convenient　conveniente　commode |
| | | 利く (き) (something) functions well　(algo) funciona bien　(quelque chose) fonctionne bien |

れんしゅう A　漢字で（かんじ） 書いて ください。

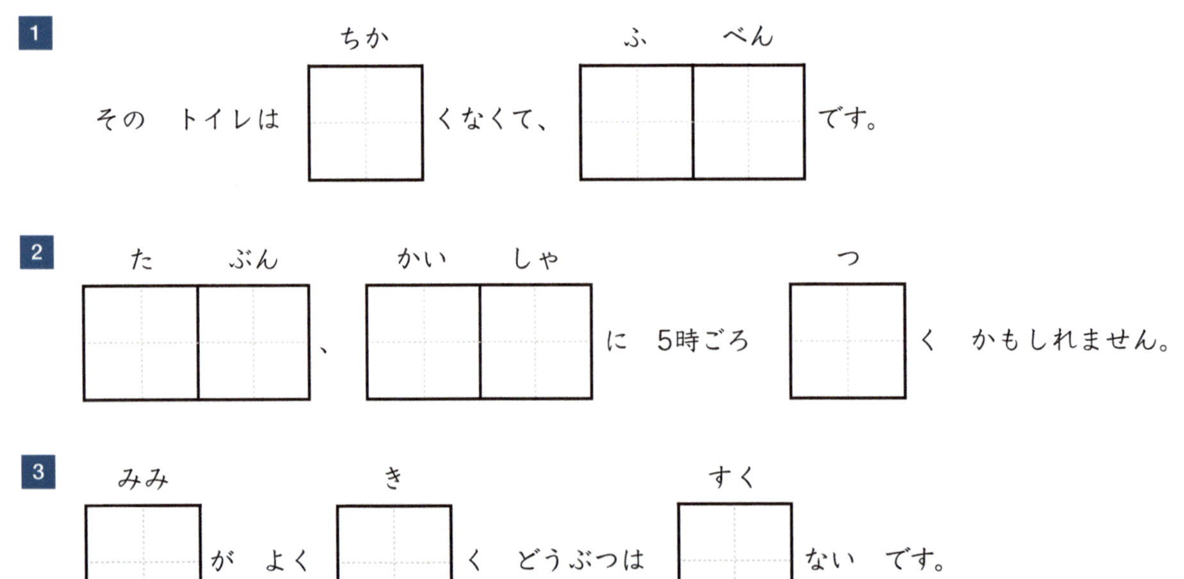

1　その トイレは ＿＿＿（ちか）くなくて、＿＿＿（ふ べん）です。

2　＿＿＿（た ぶん）、＿＿＿（かい しゃ）に 5時ごろ ＿＿＿（つ）く かもしれません。

3　＿＿＿（みみ）が よく ＿＿＿（き）く どうぶつは ＿＿＿（すく）ない です。

1

日本語が　少し　できます。

2

かえりの便は　多少　おくれます。

3

社長を　見習って、　できるように　なりました。

れんしゅう C　＿＿＿の　ことばは　どう　かきますか。　1・2・3・4から　いちばん　いい　ものを　ひとつ　えらんで　ください。

1　ちかぢか　しごとを　やめます。

　1　道々　　　　　　2　近々　　　　　　3　少々　　　　　4　折々

2　4がつに　その　かいしゃに　にゅうしゃする　よてい　です。

　1　会神　　　　　　2　入神　　　　　　3　会社　　　　　4　入社

3　しょうべんする　ときに　うたを　うたいます。

　1　小便　　　　　　2　商売　　　　　　3　便利　　　　　4　多分

4　ピアノを　ならいました。

　1　習いました　　　2　羽いました　　　3　曜いました　　4　翁いました

れんしゅう D　＿＿＿の　ことばは　ひらがなで　どう　かきますか。　1・2・3・4から　いちばん　いい　ものを　ひとつ　えらんで　ください。

1　この　ほんに　まちがえが　多い　です。

　1　たい　　　　　　2　おい　　　　　　3　おおい　　　　4　おうい

2　少年まんがが　すき　です。

　1　ことし　　　　　2　しょうじょ　　　3　せいねん　　　4　しょうねん

3　コンビニが　たくさん　あって、　ここは　ほんとうに　便利な　まち　ですね。

　1　べんき　　　　　2　べんり　　　　　3　びんき　　　　4　びんり

85	北	きた 北 — north　norte　nord	とうほく 東北 — northeast　nordeste　nord-est
		きた 北アメリカ — North America　América del norte　Amérique du Nord	とうざいなんぼく 東西南北 — north, south, east, west　este, oeste, norte, sur　est, ouest, nord, sud
86	町	まち 町 — town　pueblo　ville	まちまち 町々 — towns　pueblos　villes
		まちはず 町外れ — outskirts (of town)　afueras　faubourgs	
87	帰	かえ 帰る — to go home　vete a casa　rentrer chez soi	きこく 帰国 — returning to one's country　regresar a su país　retourner dans son pays
		ひがえ 日帰り — a day trip　viaje de un día　excursion d'une journée	
88	道	みち 道 — street, road　camino　route	すいどう 水道 — water supply　suministro de agua　approvisionnement en eau
		ほどう 歩道 — sidewalk　acera, vereda　trottoir	
89	海	うみ 海 — sea, ocean　mar, océano　océan	ほっかいどう 北海道 — Hokkaido
		かいがい 海外 — overseas　extranjero　à l'étranger	かいすい 海水 — sea water　agua de mar　eau de mer
90	空	そら 空 — sky　cielo　ciel	くうき 空気 — air; atmosphere　aire; atmósfera　air; atmosphère
		から 空 — empty　vacío　vide	あ や 空き家 — vacant house　casa vacía　maison vide
91	心	こころ 心 — heart, mind, spirit　corazón, alma　cœur, esprit	あんしん 安心 — relief, peace of mind　tranquilidad de espíritu　tranquillité d'esprit
		ちゅうしん 中心 — center, middle　centro　centre	

れんしゅう A　漢字で　書いて　ください。

1
 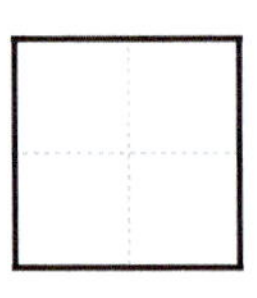

3
 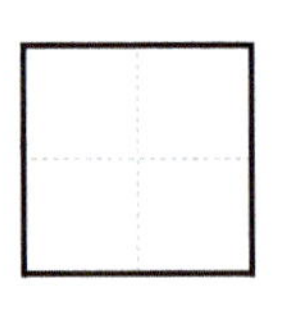

2
 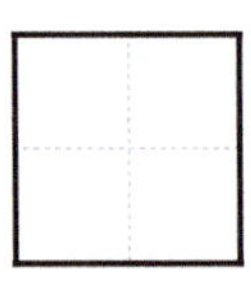

4
 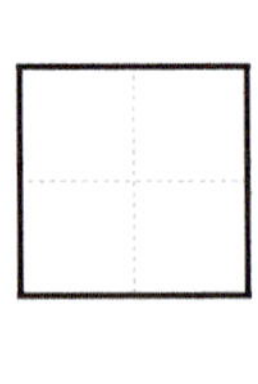

1　かえ　　2　うみ　　3　から　　4　みち

リヲ　る　　毎　　穴　　之

れんしゅう C　＿＿＿＿の　ことばは　どう　かきますか。　1・2・3・4から　いちばん　いい　ものを　ひとつ
えらんで　ください。

1　アイルランドの　カラフルな　まちまちが　だいすき　です。

　　1　丁々　　　　　2　朝々　　　　　3　畝々　　　　　4　町々

2　すいどうの　みずが　おいしくないと　おもいます。

　　1　永買　　　　　2　泳具　　　　　3　水道　　　　　4　氷首

3　あんしんして　ください。

　　1　安心　　　　　2　中心　　　　　3　安全　　　　　4　核心

4　かいすいを　のんでは　いけません。

　　1　苺水　　　　　2　海水　　　　　3　母水　　　　　4　毎水

れんしゅう D　＿＿＿＿の　ことばは　ひらがなで　どう　かきますか。　1・2・3・4から　いちばん　いい
ものを　ひとつ　えらんで　ください。

1　あさって、　北海道に　いきます。

　　1　ほかいどう　　　2　ほっかいどう　　　3　ほかいど　　　4　ほっかいど

2　さいふが　空　ですよ。　なにも　ありません。

　　1　から　　　　　2　そら　　　　　3　くう　　　　　4　かあ

3　わたしは　東西南北の　ひとで、　いろいろな　ところに　とまって　います。

　　1　とざいなんぼく　2　とうせいなんぼ　3　ひがせいなんぼ　4　とうざいなんぼく

4　19にちに　帰国します。

　　1　きこく　　　　　2　かえりごく　　　3　かえぐに　　　4　きぐに

92	入		
		いれる 入れる — to insert　insertar　mettre dedans	いりぐち 入り口 — entrance　entrada　entrée
		はい 入る — to enter　ingresar, entrar　entrer	き い 気に入る — to like, to fancy　gustar　aimer

93	試	
		ため 試す — to test (something) out, to try (something) out　intentar, tratar de　essayer, tenter
		にゅうし 入試 — entrance exam　examen de ingreso　examen d'entrée

94	験	
		しけん 試験 — exam　examen
		たいけん 体験 — first-hand experience　experiencia directa　une expérience directe

95	強		
		つよ 強い — strong　fuerte　fort	つよ 強める — to strengthen (something)　fortalecer (algo)　fortifier (quelque chose)
		ちからづよ 力強い — powerful　poderoso　puissant	

96	勉	
		べんきょう 勉強 — study　estudiar　étude

97	用		
		よう 〜用 — intended for ~　destinado a ~　destiné à ~	もち 用いる — to utilize　utilizar　utiliser
		ようじ 用事 — errands, things to do　mandados　choses à faire	ようじん 用心 — precaution　precaución　précaution

98	使		
		つか 使う — to use　usar　utiliser	たいし 大使 — ambassador　embajador　ambassadeur
		しよう 使用 — use, usage　uso　usage	てんし 天使 — angel　ángel　ange

れんしゅう A　　ただ
正しい　ことばを　えらんで　ください。

1　明日、【 使用・試験 】が　あります。

2　ドイツの　【 大使・天使 】が　日本に　来ました。

3　テストの　ために　もっと　【 勉強・用心 】すれば　よかった　です。

4　この　Tシャツが　気に【 入った・入た 】から　買います。

5　家の　はしらを　【 使う・強める 】ひつようが　あります。

6　【 学生用・先生用 】の　へやなので、　学生は　入っては　いけません。

7　いっかいだけ　【 試して・強くて 】みたい　です。

れんしゅう B　ことばと　あっている　えに　せんで　つないで　ください。

勉強　　　天使　　　強い　　　試験

れんしゅう C　＿＿＿の　ことばは　どう　かきますか。　1・2・3・4から　いちばん　いい　ものを　ひとつ　えらんで　ください。

1　ローマじを　<u>もちいて</u>　にほんごの　ことばを　かいて　みました。

　　1　使いて　　　　2　用いて　　　　3　便いて　　　　4　史いて

2　ぶんか　<u>たいけん</u>の　セミナーが　あるので、　どうぞ　ごさんか　ください。

　　1　体験　　　　2　休剣　　　　3　体剣　　　　4　休験

3　<u>にゅうし</u>の　けっかは　いつ　わかりますか。

　　1　朝礼　　　　2　乳歯　　　　3　入試　　　　4　力強

れんしゅう D　＿＿＿の　ことばは　ひらがなで　どう　かきますか。　1・2・3・4から　いちばん　いい　ものを　ひとつ　えらんで　ください。

1　<u>用心</u>の　ために　ドアの　かぎを　かけました。

　　1　よしん　　　　2　よじん　　　　3　ようじ　　　　4　ようじん

2　たなかさんは　<u>勉強</u>が　できる　ひと　ですよ。

　　1　きゅうけい　　　2　けんべん　　　3　ちからづよ　　　4　べんきょう

3　どの　どうぐを　<u>使います</u>か。

　　1　もちいます　　　2　ついます　　　3　しいます　　　4　つかいます

No.	漢字	読み	意味		読み	意味
99	出	出る（て）	to go out, to leave　sal de　sortir		出来る（て・き）	can do　puede hacer　peut faire
		出す（だ）	to take out; to submit　sacar; dar sortir; soumettre		思い出す（お・だ）	to remember　recordar　se souvenir
100	長	長い（なが）	long　largo　long		校長（こう・ちょう）	school principal　director de la escuela directeur de l'école
		長男（ちょう・なん）	eldest son　hijo mayor　fils aîné		会長（かい・ちょう）	chairman of a board　presidente de la junta président du conseil
101	音	音（おと）	sound, noise　sonido　son		音質（おん・しつ）	sound quality　calidad de sonido qualité sonore
		物音（もの・おと）	sounds　ruido　bruit			
102	楽	音楽（おん・がく）	music　música　musique		楽しむ（たの）	to have fun　disfrutar, gozar　profiter
		楽しい（たの）	fun　divertido　amusant			
103	発	発音（はつ・おん）	pronunciation　pronunciación prononciation		発見（はっ・けん）	discovery　descubrimiento　découverte
		出発（しゅっ・ぱつ）	departure　partida　départ			
104	店	店（みせ）	store, shop　tienda　boutique, magasin		書店（しょ・てん）	bookstore　librería　librairie
		店長（てん・ちょう）	store manager　gerente de la tienda　gérant de magasin			
105	開	開店（かい・てん）	opening a store　abriendo una tienda　ouvrir un magasin			
		開く（ひら）	(something) opens; to open (something)　(algo) se abre; abrir (algo) (quelque chose) s'ouvre; ouvrir (quelque chose)			
106	員	店員（てん・いん）	store employee　empleado de la tienda　employé de magasin			
		会社員（かい・しゃ・いん）	company employee　empleado de la empresa　employé de l'entreprise			

れんしゅう A　漢字で　書いて　ください。

1　炎 ＋ 一 ＋ 廾 ＝ ☐

2　門 ＋ 一 ＋ 廾 ＝ ☐

3　火 ＋ 白 ＋ 木 ＝ ☐

4　口 ＋ 貝 ＝ ☐

5　立 ＋ 日 ＝ ☐

6　广 ＋ 占 ＝ ☐

1　□　□
音質が いい 歌を 発見しました。

2　□ □ □ □
毎日、 店長が 店を 開きます。

3　□ □ □
校長は 楽しい 人です。

れんしゅう C　＿＿＿の　ことばは　どう　かきますか。　1・2・3・4から　いちばん　いい　ものを　ひとつ　えらんで　ください。

1　どこの　しょてんで　この　ほんを　かいましたか。

　1　書店　　　　　　2　本屋　　　　　　3　筆占　　　　　4　鉛筆

2　まどを　ひらいて　ください。

　1　問いて　　　　　2　聞いて　　　　　3　開いて　　　　4　間いて

3　おおきな　おとが　して、　びっくり　しました。

　1　韻　　　　　　　2　夫　　　　　　　3　楽　　　　　　4　音

れんしゅう D　＿＿＿の　ことばは　ひらがなで　どう　かきますか。　1・2・3・4から　いちばん　いい　ものを　ひとつ　えらんで　ください。

1　わたしの　しゅみは　音楽　です。

　1　おとらく　　　　2　おんがく　　　　3　おとたの　　　4　おんたの

2　あした、　ごご3じに　出発　しましょう。

　1　でっぱつ　　　　2　ではつ　　　　　3　しゅつはつ　　4　しゅっぱつ

3　スミス会長が　わらいました。

　1　かいしゃ　　　　2　かいちょう　　　3　あなが　　　　4　あいちょう

4　がんばれば、　わたしは　なんでも　出来ます。

　1　できます　　　　2　しゅっきます　　3　でこます　　　4　しゅっこます

| 107 | 子 | うちの子 — my child　mi hijo/hija　mon enfant | 女の子 — girl　niña　fille |
| | | お子さん — your child　tu niño/niña　votre enfant | 男の子 — boy　niño　garçon |

| 108 | 犬 | 犬（いぬ）— dog　perro　chien | |
| | | 子犬（こいぬ）— puppy　perrito　chiot | |

| 109 | 鳥 | 鳥（とり）— bird　pájaro　oiseau | 鳥かご（とり）— bird cage　jaula de pájaros　cage à oiseaux |
| | | 小鳥（ことり）— small bird　pájaro pequeño　petit oiseau | |

| 110 | 牛 | 牛（うし）— cow　vaca　vache | |
| | | 子牛（こうし）— calf　ternero　veau | |

| 111 | 魚 | 魚（さかな）— fish　pez, pescado　poisson | 人魚（にんぎょ）— mermaid　sirena　sirène |
| | | 金魚（きんぎょ）— goldfish　pez de colores　poisson rouge | 生魚（なまざかな）— raw fish　pescado crudo　poisson cru |

| 112 | 主 | ご主人（しゅじん）— (someone's) husband　el esposo (de alguien)　le mari (de quelqu'un) | |
| | | 家主（やぬし）— landlord　propietario　propriétaire | |

| 113 | 公 | 主人公（しゅじんこう）— main character　protagonista　personnage principal | 公用（こうよう）— official business　negocio oficial　affaires officielles |
| | | 公開（こうかい）— opening to the public　hacer público　rendre publique | |

れんしゅう A　漢字（かんじ）で　書いて　ください。

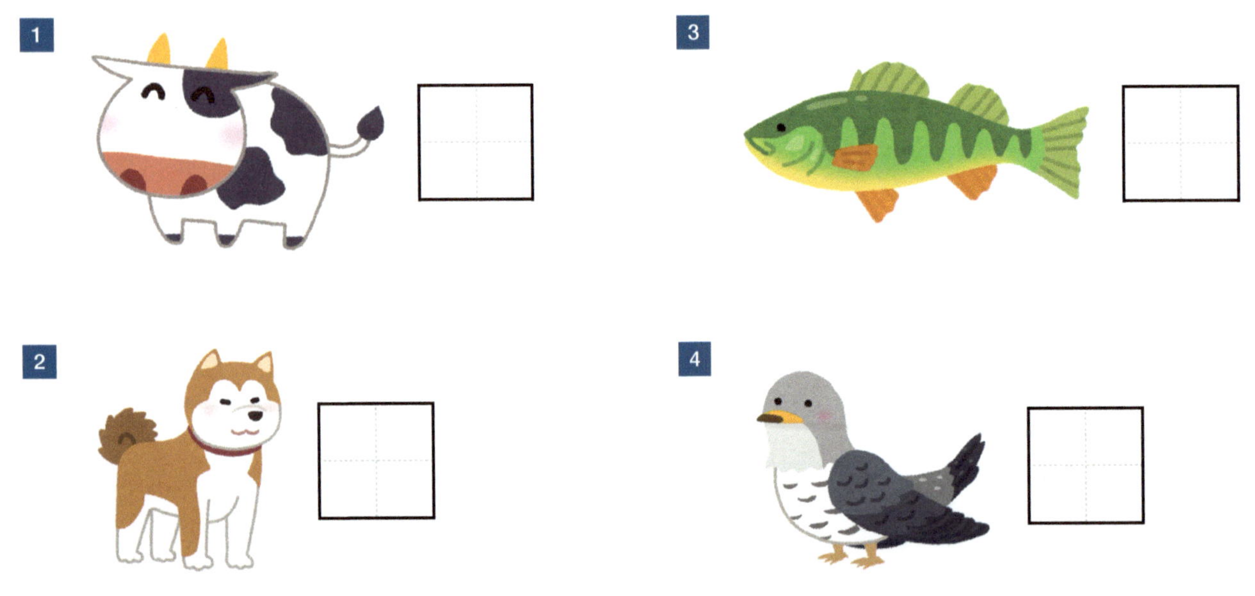

1.

2.

3.

4.

1　さかな

2　こう
開

3　いぬ

4　ぬし
家

れんしゅう C　＿＿＿＿の　ことばは　どう　かきますか。　1・2・3・4から　いちばん　いい　ものを　ひとつ
えらんで　ください。

1　くろい　とりが　とんで　きました。

　　1　烏　　　　　　　2　馬　　　　　　　3　島　　　　　　　4　鳥

2　その　ものがたりの　しゅじんこうは　ちゅうごくじん　です。

　　1　王人翁　　　　　2　主人公　　　　　3　王人公　　　　　4　主人翁

3　にんぎょは　じっさいに　いない　でしょう？

　　1　人魚　　　　　　2　金魚　　　　　　3　人形　　　　　　4　金馬

4　こうしを　たべる　くには　ありますか。

　　1　子猫　　　　　　2　子犬　　　　　　3　子牛　　　　　　4　小鳥

れんしゅう D　＿＿＿＿の　ことばは　ひらがなで　どう　かきますか。　1・2・3・4から　いちばん　いい
ものを　ひとつ　えらんで　ください。

1　お子さんの　おなまえは　なん　ですか。

　　1　こ　　　　　　　2　し　　　　　　　3　こども　　　　　4　しず

2　家主の　うえはらさんに　おかねを　わたさないと　いけません。

　　1　やぬし　　　　　2　おおや　　　　　3　いえぬし　　　　4　うちし

3　この　へやは　生魚の　においが　します。

　　1　しょううお　　　2　なまさかな　　　3　なまざかな　　　4　しょうさかな

4　それは　公用の　おかねで、いま　つかっては　なりません。

　　1　こうかい　　　　2　こうよう　　　　3　じんこう　　　　4　しゅじん

114	時	とき 時	time　tiempo　temps	なんじ 何時	what time　qué hora　quelle heure
		～じ ～時	~ o'clock　son las ~　~ heures	じかん 時間	time; hours　tiempo; horas　temps; heures
115	年	とし 年	year(s); age　año(s); edad　ans	がくねん 学年	academic year　año académico année académique
		～ねん ～年	the year ~　el año ~　l'année ~	せいねんがっぴ 生年月日	date of birth　fecha de nacimiento date de naissance
116	場	ば 場	location　ubicación　emplacement	にゅうじょう 入場	admission　admisión　admission
		ひろば 広場	(town) square　plaza (de la ciudad) place (de la ville)	うば 売り場	sales counter　piso de ventas espace de vente
117	工	こうじょう 工場	factory　factoría　usine	だいく 大工	carpenter　carpintero　menuisier
		こうじ 工事	construction　construcción　construction		
118	計	はか 計る	to measure　medir　mesurer	かいけい 会計	bill, check　cuenta, factura　facture, note
		とけい 時計	clock, watch　reloj　horloge	けいかく 計画	plan
119	台	たいふう 台風	typhoon, hurricane　tifón　typhon	～だい ～台	~ machines　~ maquinas　~machines
		どだい 土台	foundation　fundacion　fondation		
120	同	おな 同じ	same　mismo　même	おな　どし 同い年	same age　misma edad　même âge
		どうじ 同時に	at the same time　al mismo tiempo　en même temps		
121	受	う 受ける	to (willfully) receive/take　tomar (una prueba)　faire (un test)		
		じゅけん 受験	taking an exam　tomar una prueba　passer/faire un test		

れんしゅう A　　ただ
正しい　ことばを　えらんで　ください。

1　【　工事・受験　】が　あるので、　べつ
別の　道を　とらないと　なりません。

2　私の　【　時計・会計　】が　こわれた。　今、　何時ですか。

3　車が　【　4つ・4台　】　あります。

4　はし
走る　【　学年・時間　】を　【　受けて・計って　】　ください。

5　【　工場・売り場　】の　てんいん
店員は　とても　やさしかった　です。

1　こう事
二 vs 工

3　たい風
台 vs 吾

5　じゅ験
授 vs 受

2　広ば
揚 vs 場

4　けい画
計 vs 汁

6　おない年
同 vs 洞

れんしゅう C　＿＿＿の　ことばは　どう　かきますか。　1・2・3・4から　いちばん　いい　ものを　ひとつ
えらんで　ください。

1　この　たてものの　どだいが　よわい　です。

1　土台　　　　　2　五台　　　　　3　風台　　　　　4　工台

2　テストの　じゅけんには　えんぴつが　ひつよう　です。

1　受験　　　　　2　授馬　　　　　3　受検　　　　　4　授検

3　ひろばで　とつぜん　たくさんの　ひとが　うたい　はじめました。

1　歩所　　　　　2　少物　　　　　3　公揚　　　　　4　広場

れんしゅう D　＿＿＿の　ことばは　ひらがなで　どう　かきますか。　1・2・3・4から　いちばん　いい
ものを　ひとつ　えらんで　ください。

1　おっとは　わたしと　同い年　です。

1　おなじいどし　　2　おないどし　　　3　おなじいとし　　4　おないとし

2　ローカルの　大工が　この　テーブルを　つくって　くれました。

1　おうええ　　　　2　おおこう　　　　3　だいく　　　　4　たんく

3　あなたの　生年月日を　おしえて　ください。

1　しょねんげっぴ　2　せいねんげっぴ　3　しょねんがっぴ　4　せいねんがっぴ

4　お会計を　おねがい　します！

1　とけい　　　　　2　かいけい　　　　3　あっけい　　　　4　きょうかい

＿＿＿の　ことばは　どう　かきますか。　１・２・３・４から　いちばん　いい　ものを　ひとつ　えらんで　ください。

__1__　その　まちは　うみに　ちかい　です。

　　１　折い　　　　　　２　斤い　　　　　　３　祈い　　　　　　４　近い

__2__　いぬが　ボールと　あそんで　います。

　　１　犬　　　　　　　２　大　　　　　　　３　太　　　　　　　４　火

__3__　こころの　ケアを　わすれては　いけません。

　　１　必　　　　　　　２　心　　　　　　　３　米　　　　　　　４　来

__4__　アメリカの　たいしが　きました。

　　１　太便　　　　　　２　天史　　　　　　３　大使　　　　　　４　使徒

__5__　この　へんに　コンビニが　すくない　ですね。

　　１　少い　　　　　　２　小い　　　　　　３　小ない　　　　　４　少ない

__6__　やまを　のぼることは　たのしい　ですが、　どうじに　あぶない　です。

　　１　何持　　　　　　２　伺待　　　　　　３　洞寺　　　　　　４　同時

__7__　じゅぎょうが　たのしい　なら、　うけます。

　　１　楽しい　　　　　２　薬しい　　　　　３　泊しい　　　　　４　晶しい

__8__　まちはずれに　すんで　いて、　ときどき　モールに　いきたく　なります。

　　１　田比れ　　　　　２　田外れ　　　　　３　町外れ　　　　　４　町比れ

__9__　あなたの　たいじゅうを　はかって　みましょう。

　　１　計って　　　　　２　汁って　　　　　３　画って　　　　　４　信って

__10__　あした、　テストが　あって、　もっと　べんきょうを　しないと　なりません。

　　１　強物　　　　　　２　物強　　　　　　３　強勉　　　　　　４　勉強

＿＿＿の　ことばは　ひらがなで　どう　かきますか。　1・2・3・4から　いちばん　いい　ものを
ひとつ　えらんで　ください。

1　3ねんまえに　バイオリンを　習い　はじめました。

　　1　ふるい　　　　　　2　はくい　　　　　　3　しゅうい　　　　　4　ならい

2　にほんの　おおくの　いえが　空き家に　なりました。

　　1　あきや　　　　　　2　すきいえ　　　　　3　あきうち　　　　　4　すきか

3　ハンマーを　用いて　こわして　ください。

　　1　もちいて　　　　　2　もいて　　　　　　3　よういて　　　　　4　よいて

4　どんな　音楽が　すき　ですか。

　　1　おんらく　　　　　2　おとらく　　　　　3　おんがく　　　　　4　おとしい

5　この　いえの　土台は　よわい　らしい　です。

　　1　つちごう　　　　　2　つもう　　　　　　3　しまい　　　　　　4　どだい

6　たくさんの　小鳥が　とんで　います。

　　1　こどり　　　　　　2　しょうとり　　　　3　しょうどり　　　　4　ことり

7　かのじょは　天使の　ように　うつくしい　です。

　　1　たいよう　　　　　2　あまし　　　　　　3　てんし　　　　　　4　つき

8　たなかさんは　多分　こないと　おもいます。

　　1　だふん　　　　　　2　たぶん　　　　　　3　たふん　　　　　　4　だぶん

9　入社の　ひは　9がつ　23にち　でした。

　　1　はいしゃ　　　　　2　いりしゃ　　　　　3　にゅうしゃ　　　　4　いしゃ

10　この　ストリーの　主人公は　あまり　すき　じゃないです。

　　1　しゅじんこう　　　2　ぬにんこ　　　　　3　ぬしにんこ　　　　4　しゅにんこう

いちにちめ 1日目	ふつかめ 2日目	みっかめ 3日目	よっかめ 4日目	いつかめ 5日目	むいかめ 6日目
春夏冬秋野菜反対	運送転通動自	教室授業考知	病院医者研究	親弟兄妹姉切	答紙肉茶度持

なのかめ
7日目

第4週　小テスト

122	春	はる 春	*spring primavera printemps*		
		はるやす 春休み	*spring break vacaciones de primavera vacances de printemps*		
123	夏	なつ 夏	*summer verano été*		
		なつば 夏場	*summer(time) verano été*		
124	冬	ふゆ 冬	*winter invierno hiver*		
		りっとう 立冬	*the first day of winter el primer día de invierno le premier jour de l'hiver*		
125	秋	あき 秋	*fall, autumn otoño automne*		
126	野	の 野	*field, meadow prado, campo prairie*	やせい 野生	*wild (animal) salvaje sauvage*
		やけん 野犬	*wild dog perro salvaje chien sauvage*		
127	菜	やさい 野菜	*vegetables verduras, vegetales légumes*		
128	反	はんえい 反映	*reflection reflexión réflexion*		
		〜に反して	*contrary to ~ contrario a ~ contrairement à ~*		
129	対	〜対〜	*~ vs ~ ~ versus ~ ~ contre ~*	はんたい 反対	*opposite, opposition oposición opposition*
		〜に対して	*to(wards) ~ para ~ pour ~*	せいはんたい 正反対	*complete opposite exactamente lo contrario exact opposé*

れんしゅう A　かんじで　書いて　ください。

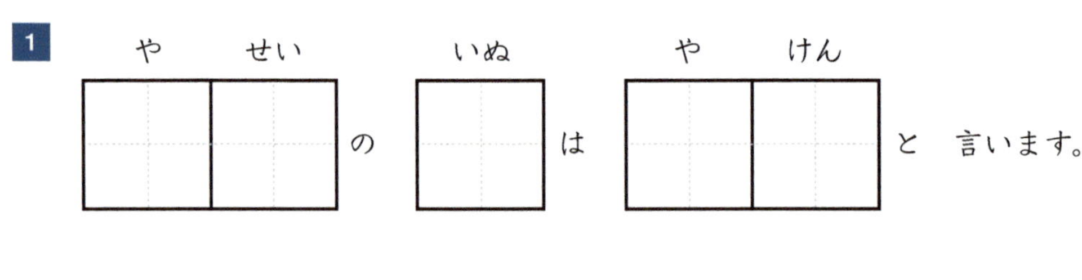

1　や　せい　の　いぬ　は　や　けん　と　言います。

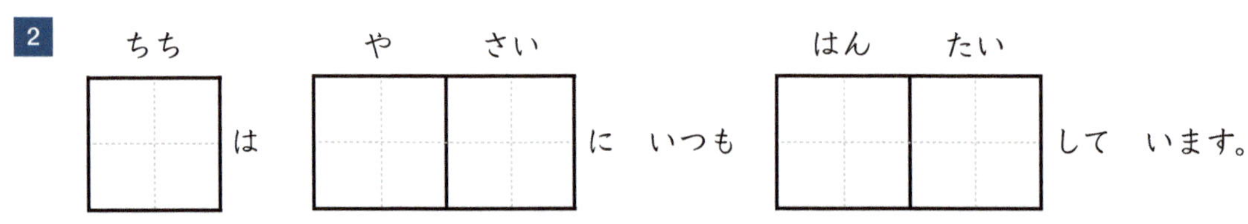

2　ちち　は　や　さい　に　いつも　はん　たい　して　います。

　漢字（かんじ）で　書いて　ください。

れんしゅう C　_____の　ことばは　どう　かきますか。　1・2・3・4から　いちばん　いい　ものを　ひとつ　えらんで　ください。

1　ふゆの　つぎは　<u>はる</u>　です。

　1　春　　　　　　　2　香　　　　　　　3　奏　　　　　　　4　秀

2　みなは　ビーチに　いきたかったが、　わたしは　<u>はんたい</u>　しました。

　1　反映　　　　　　2　反対　　　　　　3　反抗　　　　　　4　反発

3　<u>やせい</u>の　どうぶつは　あぶないので、　ちかづかないで　ください。

　1　野菜　　　　　　2　予犬　　　　　　3　野生　　　　　　4　里王

れんしゅう D　_____の　ことばは　ひらがなで　どう　かきますか。　1・2・3・4から　いちばん　いい　ものを　ひとつ　えらんで　ください。

1　チームA　<u>対</u>　チームB

　1　に　　　　　　　2　と　　　　　　　3　たい　　　　　　4　はん

2　<u>立冬</u>が　すぎると、　ますます　さむく　なります。

　1　りっとう　　　　2　りっと　　　　　3　たっふ　　　　　4　たっふう

3　<u>野菜</u>を　ぜんぶ　たべなさい。

　1　ごさい　　　　　2　のさい　　　　　3　のらさい　　　　4　やさい

130	分	～分（ふん） ~ minutes ~ minutos ~ minutes	分（わ）かる entrance entrada entrée
		半分（はんぶん） half medio moitié	気分（きぶん） mood, feelings sentimiento sentiment
131	行	行（い）く to go ir aller	行（おこな）う to do, to carry out realizar faire, mener
		行方（ゆくえ） whereabouts paradero où, localisation	発行（はっこう） publishing, issuing emitir émettre
132	運	運（うん）がいい lucky afortunado chanceux	
		運（はこ）ぶ to carry llevar porter	
133	送	運送（うんそう） transport transporte transport	
		送（おく）る to send, to deliver enviar envoyer	
134	転	運転（うんてん） driving conduciendo conduite	
		転（ころ）ぶ to fall down caer tomber	
135	通	通（とお）る to pass through pasar por passer	通（かよ）う to commute viajar se rendre
		通（とお）り road, way calle rue	
136	動	動（うご）く to move mover se déplacer	運動（うんどう） exercise ejercicio exercice
		行動（こうどう） action acción action	動物（どうぶつ） animals animales animaux
137	自	自分（じぶん） oneself uno mismo soi-même	自転車（じてんしゃ） bicycle bicicleta vélo
		自立（じりつ） independance independencia indépendance	

⚠ 注意

◉　「する」と「行（おこな）う」

する　→　一般的（いっぱんてき）な 言い方。「しゅくだいを する」

行（おこな）う　→　フォーマル、改（あらた）まった言い方。「ビジネスミーティングを 行（おこな）う」

◉　「道（みち）」と「通（とお）り」

道（みち）　→　大きさは 関係（かんけい）なく、一般的（いっぱんてき）な 言い方。「道（みち）が こんでいる」

通（とお）り　→　ちょっと 大きい 道（みち）。「町（まち）の 通（とお）りで あそぶ ことが あぶない」

　漢字（かんじ）と　あっている　パーツを　せんで　つないで　ください。

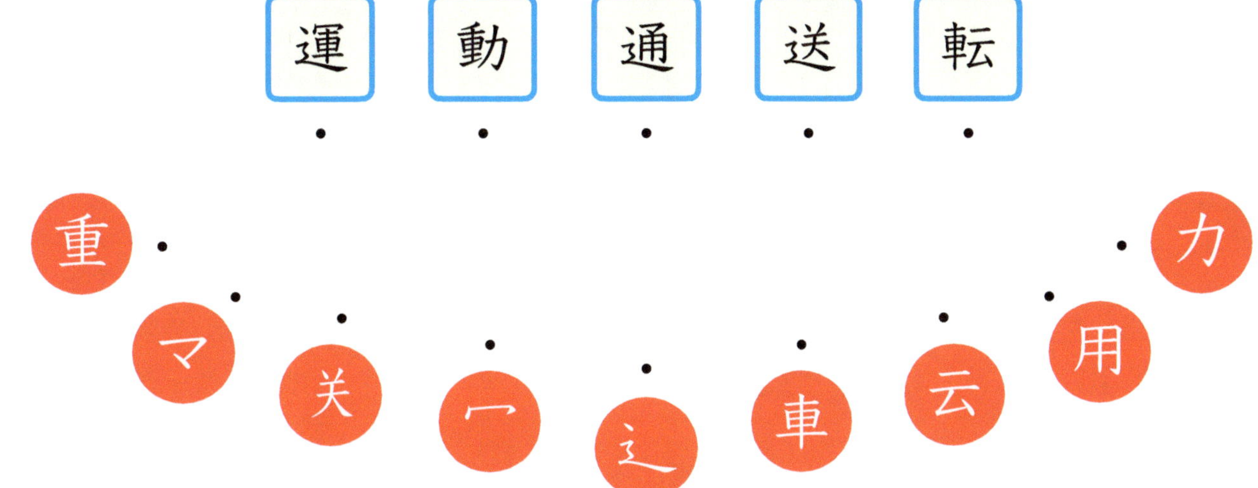

　＿＿＿の　ことばは　どう　かきますか。　1・2・3・4から　いちばん　いい　ものを　ひとつ　えらんで　ください。

1　うんが　よくて、　おかねを　みちで　みつけました。

1　動　　　　　　2　軍　　　　　　3　転　　　　　　4　運

2　りょうしんから　じりつして、　かいがいに　ひっこしました。

1　独立　　　　　2　自立　　　　　3　立冬　　　　　4　真実

3　たなかくんが　ころんで、　あしの　けがを　しました。

1　転んで　　　　2　雲んで　　　　3　電んで　　　　4　幹んで

　＿＿＿の　ことばは　ひらがなで　どう　かきますか。　1・2・3・4から　いちばん　いい　ものを　ひとつ　えらんで　ください。

1　ははが　プレゼントを　送って　くれました。

1　てって　　　　2　そうって　　　3　おくって　　　4　そって

2　あの　きょうかいに　通って　います。

1　とうって　　　2　かよって　　　3　つって　　　　4　とおって

3　グループで　行動した　ほうが　いい　です。

1　こうどう　　　2　こうど　　　　3　こどう　　　　4　こおど

No.	漢字	読み・意味		読み・意味	
138	方	～の方（ほう） in the direction of ~　en la dirección de ~　en direction de ~	～方（かた） way of doing ~　forma de ~　la façon de faire ~		
		方（かた） person (respectful)　persona (respetuoso)　personne (respectueuse)	方言（ほうげん） dialect　dialecto　dialecte		
139	休	休む（やす） to rest　descansar　repos	一休み（ひとやす） a short break　un corto descanso　une petite pause		
		休日（きゅうじつ） day off, holiday　vacación, día festivo　jour de repos, vacances	休校（きゅうこう） school closure　cierre de escuelas　fermeture de l'école		
140	教	教える（おし） to teach　enseñar　enseigner	教員（きょういん） teaching staff, faculty　facultad　faculté		
		教会（きょうかい） church　iglesia　église			
141	室	教室（きょうしつ） classroom　salón de clases　salle de classe	地下室（ちかしつ） cellar, basement room　sótano　sous-sol		
		一室（いっしつ） one room　una habitación　une chambre			
142	授	教授（きょうじゅ） professor　profesor　professeur			
		授ける（さず） to impart knowledge　impartir conocimientos　transmettre des connaissances			
143	業	授業（じゅぎょう） class, course　clase　classe, cours	休業（きゅうぎょう） temporary closure of a school or business　cierre temporal de una escuela o negocio　fermeture temporaire d'une école ou d'une entreprise		
		作業（さぎょう） work, operations　trabajo, labor　travail			
144	考	考える（かんが） to think about　pensar　pense	考え方（かんが・かた） way of thinking　forma de pensar　façon de penser		
		考え（かんが） an idea, thought　pensamiento　pensée, idée			
145	知	知る（し） to (come to) know　llegar a saber　apprendre	通知（つうち） notification　notificación　notification		
		知らせ（し） notice, news　noticias　nouvelles			

れんしゅう A　正（ただ）しい　ことばを　えらんで　ください。

1　毎週、　【　教会・休業　】に　行きます。

2　そんな　【　考える・考え方　】が　ぜんぜん　分かりません。

3　【　教室・授業　】に　つくえが　たくさん　あります。

4　お父さんが　私に　じてんしゃの　使い方を　【　授けて・考えて　】　くれました。

5　ワインが　【　地下室・作業　】に　あります。

64

 どの 漢字が 正しい ですか。 正しい 漢字を ○で えらんで ください。

1 しつ内

室 vs 屋

2 さずける

受 vs 授

3 かんがえる

考 vs 老

4 おしえる

敎 vs 教

5 しらせ

知 vs 和

6 作ぎょう

僕 vs 業

れんしゅう C ______の ことばは どう かきますか。 1・2・3・4から いちばん いい ものを ひとつ えらんで ください。

1 ベンチに すわって、 ひとやすみ しましょう。

1 人本み   2 人休み   3 一休み   4 一本み

2 だいがくを そつぎょう したら、 きょうじゅに なりたい です。

1 先生   2 教室   3 教授   4 休業

3 おしらせが ありますので、 よく きいて ください。

1 知せ   2 知らせ   3 和せ   4 和らせ

れんしゅう D ______の ことばは ひらがなで どう かきますか。 1・2・3・4から いちばん いい ものを ひとつ えらんで ください。

1 たつまきが くるから、 はやく 地下室に いきなさい。

1 ちかしつ   2 ちかてつ   3 ちしたしつ   4 ちしたてつ

2 あおもりけんの 方言は にほんではなくて、 べつの げんごに きこえます。

1 かたげん   2 ほうご   3 かたご   4 ほうげん

3 いま、 いい 考えを おもいつきました。

1 かんがえ   2 おもえ   3 かんえ   4 おもかえ

4 スマホに きた 通知を チェック しました。

1 とおち   2 かよし   3 つうち   4 とし

22 病院医者研究

146 気	元気（な）(げんき)	energetic, lively　enérgico　énergique	気がする (き)	I feel like　siento que　j'ai l'impression qu'il
	気をつける (き)	to be careful　ser cuidadoso　faire attention	気にする (き)	to worry/mind　preocuparse por　se soucier de
147 病	病気 (びょうき)	sickness　enfermedad　maladie		
	病む (や)	to suffer from (a sickness)　sufrir (una enfermedad)　souffrir (d'une maladie)		
148 院	病院 (びょういん)	hospital　hospital　hôpital	入院 (にゅういん)	hospitalization　hospitalización　hospitalisation
	大学院 (だいがくいん)	graduate school　escuela de posgrado　école doctorale		
149 医	医学 (いがく)	the study of medicine　el estudio de la medicina　l'étude de la médecine		
150 者	者 (もの)	person　persona　personne	学者 (がくしゃ)	scholar　erudito　savant
	医者 (いしゃ)	doctor　doctor, médico　médecin	歩行者 (ほこうしゃ)	pedestrian　peatonal　piéton
151 研	研ぐ (と)	to sharpen, to hone　afilar　aiguiser		
	米を研ぐ (こめ・と)	to clean rice　limpiar arroz　laver le riz		
152 究	研究 (けんきゅう)	research　investigación　recherche	究める (きわ)	to comprehend (something) deeply　comprender (algo) profundamente　comprendre (quelque chose) en profondeur
	研究者 (けんきゅうしゃ)	researcher　investigador　chercheur		

れんしゅう A　漢字(かんじ)で　書いて　ください。

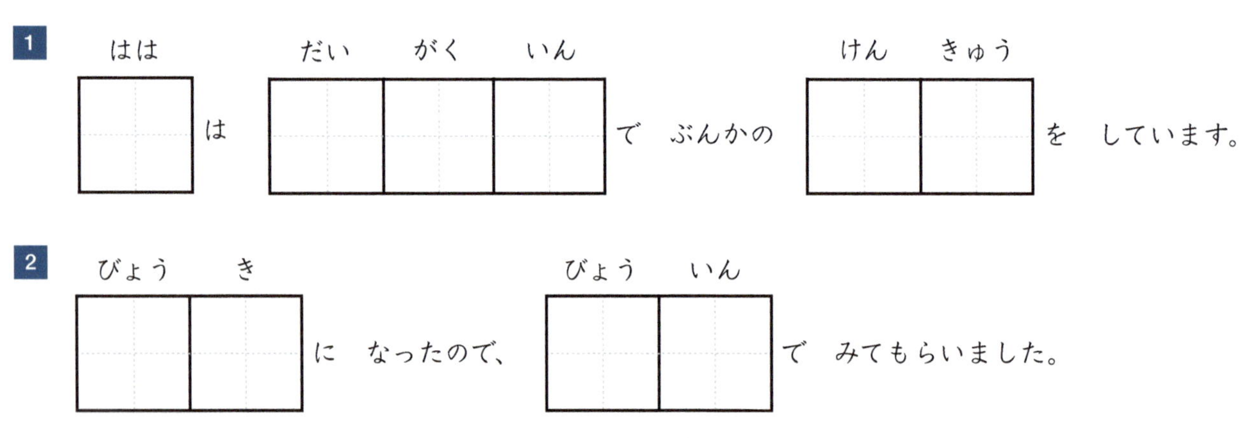

1　［はは］は　［だい がく いん］で　ぶんかの　［けん きゅう］を　しています。

2　［びょう き］に　なったので、［びょう いん］で　みてもらいました。

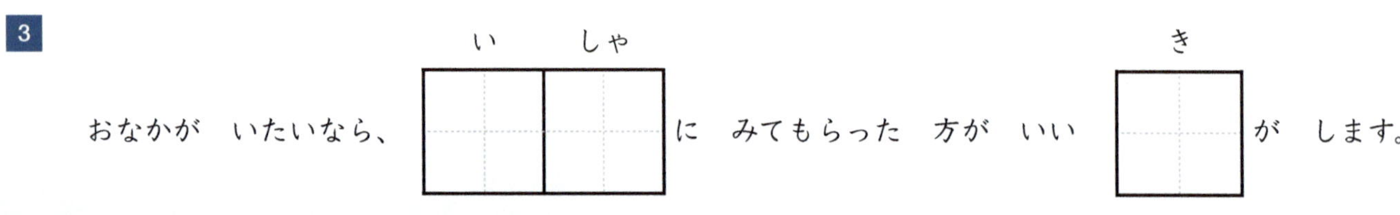

3　おなかが　いたいなら、［い しゃ］に　みてもらった　方が　いい　［き］が　します。

　ことばと　あっている　えに　せんで　つないで　ください。

研究者　　学者　　歩行者　　病院　　米を研ぐ

れんしゅう C　＿＿＿＿の　ことばは　どう　かきますか。　1・2・3・4から　いちばん　いい　ものを　ひとつ　えらんで　ください。

1　かれは　サッカーを　<u>きわめる</u>ために　まいにち　れんしゅう　しています。

　　1　研める　　　　2　究める　　　　3　頑める　　　　4　丸める

2　とても　おもい　びょうきなので、　<u>にゅういん</u>　しました。

　　1　入院　　　　2　出浣　　　　3　退院　　　　4　良浣

3　みちに　まよった　<u>もの</u>が　いて、　けいさつを　よびました。

　　1　動　　　　2　事　　　　3　物　　　　4　者

れんしゅう D　＿＿＿＿の　ことばは　ひらがなで　どう　かきますか。　1・2・3・4から　いちばん　いい　ものを　ひとつ　えらんで　ください。

1　<u>病んで</u>いる　ともだちに　メールを　たくさん　おくりました。

　　1　びょうんで　　　　2　いたんで　　　　3　やんで　　　　4　いんで

2　<u>学者</u>に　なるために　いっぱい　べんきょう　しないと　いけません。

　　1　がっくし　　　　2　がっし　　　　3　がくもの　　　　4　がくしゃ

3　りょうりを　するまえに、　ちゃんと　ほうちょうを　<u>研ぎます</u>。

　　1　なぎます　　　　2　まぎます　　　　3　すぎます　　　　4　とぎます

23 親 弟 兄 妹 姉 切

No.	Kanji	Word	Meaning	Word	Meaning
153	母	母（はは）	my mother mi madre ma mère	母の日（ははのひ）	Mother's Day Día de la Madre Fête des mères
		お母さん（かあ）	mother madre mère		
154	父	父（ちち）	my father mi padre père	父の日（ちちのひ）	Father's Day Día del Padre Fête des pères
		お父さん（とう）	father padre père	父母（ふぼ）	mother and father madre y padre mère et père
155	親	親（おや）	parent padre/madre parent	父親（ちちおや）	＝ お父さん（とう）
		母親（ははおや）	＝ お母さん（かあ）	親しい（した）	close, intimate cercano, íntimo proche, intime
156	弟	弟（おとうと）	(one's own) younger brother (el propio) hermano menor (son propre) petit frère		
		弟さん（おとうと）	(someone else's) younger brother el hermano menor (de otra persona) le petit frère (de quelqu'un d'autre)		
157	兄	兄（あに）	(one's own) older brother el propio hermano mayor son propre frère aîné		
		兄弟（きょうだい）	sibling(s) hermano(s) y hermana(s) frère(s) et sœur(s)		
158	妹	妹（いもうと）	(one's own) younger sister (el propia) hermana menor (sa propre) petite sœur		
		妹さん（いもうと）	(someone else's) younger sister la hermana menor (de otra persona) la petite sœur (de quelqu'un d'autre)		
159	姉	姉（あね）	(one's own) older sister (el propia) hermana mayor (sa propre) sœur aînée		
		姉妹（しまい）	sister(s) hermana(s) sœur(s)		
160	切	切る（き）	to cut cortar couper	親切（な）（しんせつ）	kind amabilidad gentillesse
		大切（な）（たいせつ）	important, precious importante important	切手（きって）	stamp estampilla timbre

れんしゅう A 漢字（かんじ）で　書いて　ください。

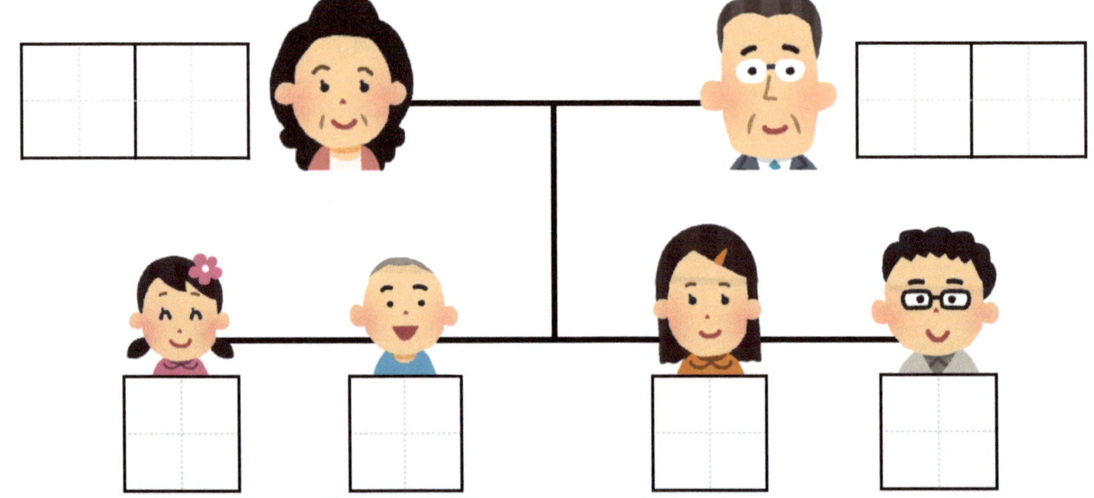

　かんじを　かんせい　して　ください。

1　あに　　　**2**　あね　　　**3**　おとうと　　　**4**　いもうと

兄　　　女　　　弟　　　女

れんしゅう C　＿＿＿の　ことばは　どう　かきますか。　1・2・3・4から　いちばん　いい　ものを　ひとつ
えらんで　ください。

1　きょうだいが　3にん　います。

　　1　姉妹　　　　　2　姉妹　　　　　3　弟兄　　　　　4　兄弟

2　きってを　かいに　いきます。　いってきます。

　　1　切手　　　　　2　父母　　　　　3　切符　　　　　4　喫茶

3　チンさんは　とても　しんせつな　ひと　です。

　　1　大切　　　　　2　親切　　　　　3　大変　　　　　4　退屈

4　あなたの　いもうとさんは　なんねんせい　ですか。

　　1　奴　　　　　2　婦　　　　　3　姉　　　　　4　妹

れんしゅう D　＿＿＿の　ことばは　ひらがなで　どう　かきますか。　1・2・3・4から　いちばん　いい
ものを　ひとつ　えらんで　ください。

1　いい　父親って　なん　ですか。

　　1　ちちおや　　　2　とうや　　　3　ちっしん　　　4　とうしん

2　たすけて　くれたのは　兄だけ　でした。

　　1　あに　　　　　2　あね　　　　　3　にい　　　　　4　おとうと

3　じゅうぶんな　ながさが　できたら、　ひもを　切って　ください。

　　1　しって　　　　2　きって　　　　3　みって　　　　4　せって

4　母の日は　もうすぐ　くるので、　はやく　はなを　かわないと　いけません。

　　1　ははのにち　　　2　かあのひ　　　3　ははのひ　　　4　かあのにち

24 答紙肉茶度持

No.	Kanji	Word	Meaning	Word	Meaning
161	金	お金（かね）	money dinero argent	年金（ねんきん）	pension pensión pension
		金曜日（きんようび）	Friday Viernes Vendredi		
162	色	色（いろ）	color couleur	金色（きんいろ）	gold color dorado doré
		色々（いろいろ）（な）	various varios divers	水色（みずいろ）	light blue, aqua color azul claro bleu clair
163	答	答える（こたえる）	to answer, to respond responder répondre		
		答え（こたえ）	answer respuesta réponse		
164	紙	紙（かみ）	paper papel papier	手紙（てがみ）	(written) letter carta lettre
		用紙（ようし）	sheet, paper papel, hoja papier, feuille		
165	肉	肉（にく）	meat carne viande	肉親（にくしん）	blood relative familia inmediata famille proche
		牛肉（ぎゅうにく）	beef carne de res bœuf		
166	茶	お茶（ちゃ）	tea té thé	茶道（さどう）	Japanese tea ceremony ceremonia del té cérémonie du thé
		茶色（ちゃいろ）	brown, tea-colored marrón brun		
167	度	もう一度（いちど）	one more time una vez más encore une fois	～度（ど）	~ degrees ~ grados ~ degrés
		今度（こんど）	next time la próxima vez la prochaine fois	何度（なんど）	how many degrees cuantos grados combien de degrés
168	持	持つ（もつ）	to hold, to have tener avoir	金持ち（かねもち）	rich person hombre rico homme riche
		気持ち（きもち）	feeling sentimiento sentiment		

れんしゅう A 漢字（かんじ）で　書いて　ください。

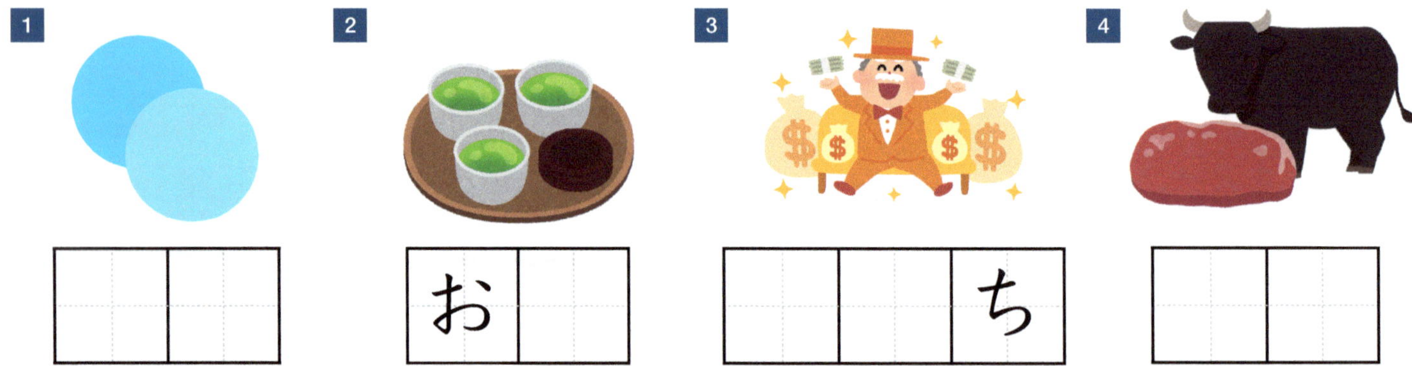

1
□□

2
お□

3
□□ち

4
□□

1　　手紙を　茶色の　ふうとうに　入れました。

2　　もう一度　聞きます：　何度　ですか。

3　　答えを　水色の　ペンで　書いて　ください。

れんしゅう C　＿＿＿＿の　ことばは　どう　かきますか。　1・2・3・4から　いちばん　いい　ものを　ひとつ　えらんで　ください。

1　こんど　また　それについて　はなしましょう。

　　1　室内　　　　　　2　後程　　　　　　3　次回　　　　　　4　今度

2　あした、　おばあちゃんへの　てがみが　とどくはず　です。

　　1　足神　　　　　　2　手紙　　　　　　3　耳髪　　　　　　4　首氏

3　いつか　かねもちに　なって　みたいな。

　　1　釜待ち　　　　　2　釜持ち　　　　　3　金待ち　　　　　4　金持ち

れんしゅう D　＿＿＿＿の　ことばは　ひらがなで　どう　かきますか。　1・2・3・4から　いちばん　いい　ものを　ひとつ　えらんで　ください。

1　どうやって　答えるか、　わたしには　わかりません。

　　1　こたえる　　　　2　しえる　　　　　3　たたえる　　　　4　ほえる

2　これを　持って　くれますか。

　　1　まって　　　　　2　もって　　　　　3　じって　　　　　4　はらって

3　肉親が　こまっている　ときは、　みなで　たすけあいます。

　　1　うちおや　　　　2　うちしん　　　　3　にくしん　　　　4　にくおや

4　いま、　そとは　22度　ですよ。

　　1　ねん　　　　　　2　で　　　　　　　3　にち　　　　　　4　ど

_____の　ことばは　どう　かきますか。　１・２・３・４から　いちばん　いい　ものを　ひとつ　えらんで　ください。

1　はるやすみの　よていは　なん　ですか。

１　冬休み　　　　２　夏休み　　　　３　春休み　　　　４　秋休み

2　べつの　ことを　かんがえましょう。

１　与え　　　　２　老え　　　　３　考え　　　　４　者え

3　おとうとさんは　とても　げんき　ですね。

１　弟　　　　２　第　　　　３　弓　　　　４　弔

4　あたらしい　テレビが　うんそう　されました。

１　軍隊　　　　２　運転　　　　３　転送　　　　４　運送

5　おばあさんは　びょういんに　はこばれました。

１　病院　　　　２　痛院　　　　３　病隠　　　　４　痛隠

6　いぬが　しゅくだいの　かみを　たべました。

１　紳　　　　２　紙　　　　３　経　　　　４　婚

7　てんきよほう　にはんして、　あめが　ふりました。

１　坂　　　　２　阪　　　　３　反　　　　４　飯

8　スキャンダルの　せいで、　その　がっこうが　きゅうぎょうと　なりました。

１　相撲　　　　２　木僕　　　　３　本技　　　　４　休業

9　たいせつに　していた　おさらが　こわれて　しまいました。

１　気分　　　　２　気持　　　　３　親切　　　　４　大切

10　わたしの　だいがくいんの　せんこうは　いがく　でした。

１　医学　　　　２　肉学　　　　３　匠学　　　　４　凶学

_____の ことばは ひらがなで どう かきますか。 1・2・3・4から いちばん いい ものを
ひとつ えらんで ください。

1 どんな 動物が いちばん すき ですか。

　　1　うごくもの　　　　2　どうぶつ　　　　3　どもの　　　　4　うごぶつ

2 それが おわったら、 こめを 研いで ください。

　　1　めぐいで　　　　2　きわいで　　　　3　といで　　　　4　そろいで

3 茶色の コップを おねがい します。

　　1　ちゃいろ　　　　2　さけつ　　　　3　さしょく　　　　4　しゃいろ

4 野犬に たべものを やらないで ください。

　　1　のっけん　　　　2　のらいぬ　　　　3　のいぬ　　　　4　やけん

5 パーティーは その マンションの 一室で おこなわれます。

　　1　いしつ　　　　2　いっしつ　　　　3　ひとしつ　　　　4　ひとっし

6 がっこうの 母親の イベントが たくさん あります。

　　1　はしん　　　　2　ははおや　　　　3　かあや　　　　4　かあおや

7 自転車に のった ことが ありません。

　　1　じてんしゃ　　　　2　じでんしゃ　　　　3　じころしゃ　　　　4　じころぐるま

8 たなかせんせいは どんな 研究を しているの でしょうか。

　　1　けんしょう　　　　2　きんきゅう　　　　3　けんきゅう　　　　4　きけん

9 あさって、 だいコールで 茶道の たいけんが ある そうです。

　　1　ちゃみち　　　　2　ちゃどう　　　　3　さどう　　　　4　さみち

10 むすこが 転んで しまって、 あしから ちが でました。

　　1　てんで　　　　2　ころんで　　　　3　はこんで　　　　4　やんで

第5週

いちにちめ **1日目**	**ふつかめ** **2日目**	**みっかめ** **3日目**	**よっかめ** **4日目**	**いつかめ** **5日目**	**むいかめ** **6日目**
集始終住止待	世界代現重銀	内声頭顔髪薬	忙恥偉難若欲	忘困違払戻遊	付置変覚合回

7日目（なのかめ）　　**第5週　小テスト**

#	漢字				
169	人	ひと 人	person　persona　personne	～人 (にん)	~ number of people　~ numero de personas ~ nombre de personnes
		～人 (じん)	person of nationality ~ persona de nacionalidad ~ personne de nationalité ~	じんせい 人生	(human) life　vida (humana)　vie (humaine)
170	中	なか 中	in(side)　dentro, en	ちゅうがくせい 中学生	middle school student estudiantes de secundaria étudiant de l'école secondaire
		ちゅうごく 中国	China　Chine	～中 (ちゅう)	in the middle of doing ~ en medio de hacer ~　en train de faire ~
171	集	あつ 集まる	(people) gather　(la gente) se reúne (les gens) se rassemblent	しゅうちゅう 集中	focus　concentración　concentration
		あつ 集める	to gather (something)　reunir (algo)　rassembler (quelque chose)		
172	始	はじ 始まる	(something) begins　(algo) comienza (quelque chose) commence	かいし 開始	begin, start, opening　comienzo　début
		はじ 始める	to start (something)　comenzar (algo)　commencer (quelque chose)		
173	終	お 終わる	(something) ends　(algo) termina (quelque chose) finit	しゅうじつ 終日	all day　todo el dia　toute la journée
		お 終わり	end, finish　fin		
174	住	す 住む	to live, to reside　vivir　habiter	す 住まい	residence, dwelling　residencia　résidence
		じゅうにん 住人	resident　residente　résident		
175	止	と 止まる	(something) stops　(algo) se detiene (quelque chose) s'arrête	ちゅうし 中止	stopping, suspension　parada, suspensión arrêt, interruption
		と 止める	to stop (something)　detener (algo) arrêter (quelque chose)		
176	待	ま 待つ	to wait　esperar　attendre		
		ま 待ちぼうけ	standing (someone) up　dejar plantado　poser un lapin		

⚠ 注意

◉　「集まる」「始まる」「止まる」

「集まる」「始まる」「止まる」は自動詞です。ある物が行動します。だいたい「まる」で終わります。よくあるパターンはこれです：　「～が ～まる」

たとえば：　「動物が 集まる」「ショーが 始まる」「車が 止まる」

◉　「集める」「始める」「止める」

「集める」「始める」「止める」は他動詞です。ほかの物に対して、だれかが行動します。だいたい「める」で終わります。よくあるパターンはこれです：　「～を ～める」

たとえば：　「動物を 集める」「ショーを 始める」「車を 止める」

　どの 漢字（かんじ）が 正（ただ）しい ですか。 正（ただ）しい 漢字（かんじ）を ○で えらんで ください。

1 開し

始 vs 妊

3 まちぼうけ

持 vs 待

5 おわり

柊 vs 終

2 とめる

正 vs 止

4 しゅう中

準 vs 集

6 じゅう人

住 vs 仕

　＿＿＿の ことばは どう かきますか。 1・2・3・4から いちばん いい ものを ひとつ えらんで ください。

1 あめの せいで しあいが ちゅうしと なりました。

　1　継続　　　　　2　牧師　　　　　3　開始　　　　　4　中止

2 「にほんごが はなせますか。」「べんきょうちゅう です。」

　1　中　　　　　2　回　　　　　3　串　　　　　4　時

3 ちょっと まって ください。

　1　侍って　　　　　2　待って　　　　　3　持って　　　　　4　詩って

　＿＿＿の ことばは ひらがなで どう かきますか。 1・2・3・4から いちばん いい ものを ひとつ えらんで ください。

1 あの マンションには 住人が たくさん います。

　1　しゅうじん　　　　　2　しゅうにん　　　　　3　じゅうにん　　　　　4　じゅうじん

2 くるまを あんぜんな ばしょに 止めて ください。

　1　おわめて　　　　　2　あつめて　　　　　3　はじめて　　　　　4　とめて

3 しゅくだいに 集中して がんばります。

　1　しゅうちゅう　　　　　2　あつなか　　　　　3　あっちゅ　　　　　4　あっちゅう

4 終日、いえで えを かいて いました。

　1　しゅうじつ　　　　　2　おにち　　　　　3　じゅうじつ　　　　　4　じゅっぴ

177	何	なに・なん 何	what　qué　quoi	なんねん 何年	what year　qué año　quelle année
		なにご 何語	what language　que lenguaje quelle langue	なに 何か	something　algo　quelque chose
178	間	かん 〜間	interval of ~　intervalo de ~ intervalle de ~	にんげん 人間	human(s)　humano(s)　humain(s)
		あいだ 〜の 間	between ~　entre ~		
179	世	よ　なか 世の中	society, the world　mundo, sociedad　monde, société		
		せけん 世間	society, the public　sociedad, el público　société, le public		
180	界	せかい 世界	world　mundo　monde		
		ぎょうかい 業界	the business world　el mundo de los negocios　le monde des affaires/entreprises		
181	代	か 代わりに	instead of　en cambio　plutôt	か 代わる	to take someone's place, to switch　cambiar de lugar con alguien　changer de place avec quelqu'un
		か お代わり	(food) seconds　una segunda porción deuxième aide	じだい 時代	era, age　era, época　ère, époque
182	現	あらわ 現れる	to appear　aparecer　apparaître	げんきん 現金	cash　dinero en efectivo　espèces
		げんだい 現代	present-day　presente, actualidad　de nos jours, d'aujourd'hui		
183	重	おも 重い	heavy　pesado　lourd	じゅうだい 重大 （な）	important, serious　grave, serio sérieux, grave
		かさ 重ねる	to pile (something) up　amontonar (algo) empiler (quelque chose)	じゅうりょく 重力	gravity　gravedad　gravité
184	銀	ぎん 銀	silver　plata　argent	ぎん 銀メダル	silver medal　medalla de plata médaille d'argent
		ぎんこう 銀行	bank　banco　banque	ぎんいろ 銀色	silver colored　color plata couleur argent

れんしゅう A　ただ
正しい　ことばを　えらんで　ください。

1　先生の　【 代わりに・お代わり 】　私が　やります。

2　この　はこが　【 重ねて・重くて 】　はこ
運ぶのが　むずかしい　です。

3　【 重大・大切 】な　ミスを　して　しまって、　クビに　なりそう　です。

4　【 世間・人間 】は　どうぶつ
動物と　ちがって、　言語が　てき
出来ます。

5　私の　じてんしゃ
自転車は　【 銀・銀色 】　です。

1　［イ］　か　わる　　2　［見］　あらわ　れる　　3　［千］　おも　い　　4　［金］　ぎん

れんしゅう C　＿＿＿＿の　ことばは　どう　かきますか。　1・2・3・4から　いちばん　いい　ものを　ひとつ
えらんで　ください。

1　クレジットカードは　ないので、　げんきんを　つかいます。

１　現金　　　　　　２　銀行　　　　　　３　現銀　　　　　４　銀色

2　せかいには　くにが　たくさん　あります。

１　人間　　　　　　２　世間　　　　　　３　世界　　　　　４　時代

3　じゅうりょくの　おかげで、　わたしたちが　たったり　あるいたり　することが　できます。

１　里丸　　　　　　２　黒加　　　　　　３　重力　　　　　４　鍾九

4　オリンピックで　さとしが　ぎんメダルを　かくとく　しました。

１　釜　　　　　　　２　鉛　　　　　　　３　金　　　　　　４　銀

れんしゅう D　＿＿＿＿の　ことばは　ひらがなで　どう　かきますか。　1・2・3・4から　いちばん　いい
ものを　ひとつ　えらんで　ください。

1　銀行に　いって　きます。

１　ぎんぎょ　　　　２　ぎんぎょう　　　３　ぎんこ　　　　４　ぎんこう

2　ほんを　つくえの　うえに　重ねて　おきました。

１　かさねて　　　　２　おもねて　　　　３　おもんねて　　４　じゅうねて

3　でんわが　代わりました。　ささき　です。

１　さわりました　　２　かわりました　　３　おわりました　　４　すわりました

4　世間の　うわさを　しんじない　ほうが　いい　ですよ。

１　せかい　　　　　２　よのあいだ　　　３　よかん　　　　４　せけん

185	大	おお 大きい — big, large　grande　grand	おおあめ 大雨 — heavy rain　lluvia pesada　forte pluie
		おとな 大人 — adult　adulto　adulte	だいたい 大体 — generally, roughly　apenas, toscamente　à peu près, grossièrement
186	小	ちい 小さい — small, little　pequeño　petit	しょう 小テスト — quiz, short test　pequeña prueba　petit test
		しょうがっこう 小学校 — elementary school　escuela primaria　école primaire	いぬごや 犬小屋 — dog house　casa de perro　niche à chien
187	内	ない 〜内 — within ~　dentro de ~　à l'intérieur du ~	いない 〜以内 — within ~　dentro de ~　à l'intérieur du ~
		かんない 館内 — within the building　dentro del edificio　à l'intérieur du bâtiment	うち その内 — soon　dentro de poco　bientôt
188	声	こえ 声 — voice　voz　voix	こごえ 小声 — soft voice, whisper　susurro　chuchoter
		おんせい 音声 — sound of a voice, audio　audio	おおごえ 大声 — loud voice　voz alta　voix forte
189	頭	あたま 頭 — head　cabeza　tête	
		あたま 頭がいい — smart　inteligente　intelligent	
190	顔	かお 顔 — face　rostro　visage	
		かおいろ　わる 顔色が悪い — look pale　verse pálido　avoir l'air pâle	
191	髪	かみ 髪 — (head) hair　cabello, pelo　cheveux	しらが 白髪 — gray hair　pelo canoso　cheveux gris
		まえがみ 前髪 — bangs　golpes　frange	
192	薬	くすり 薬 — medicine　medicamento　médicaments	めぐすり 目薬 — eye medicine　medicina para los ojos　médecine des yeux
		やくひん 薬品 — medical products　productos médicos　produits médicaux	

れんしゅう　A　　かんじで　書いて　ください。

1	2	3	4
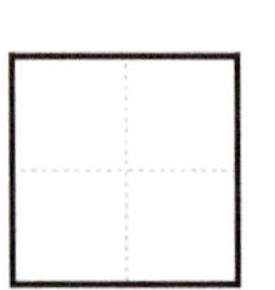	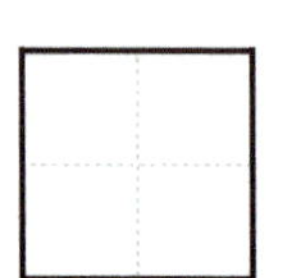		

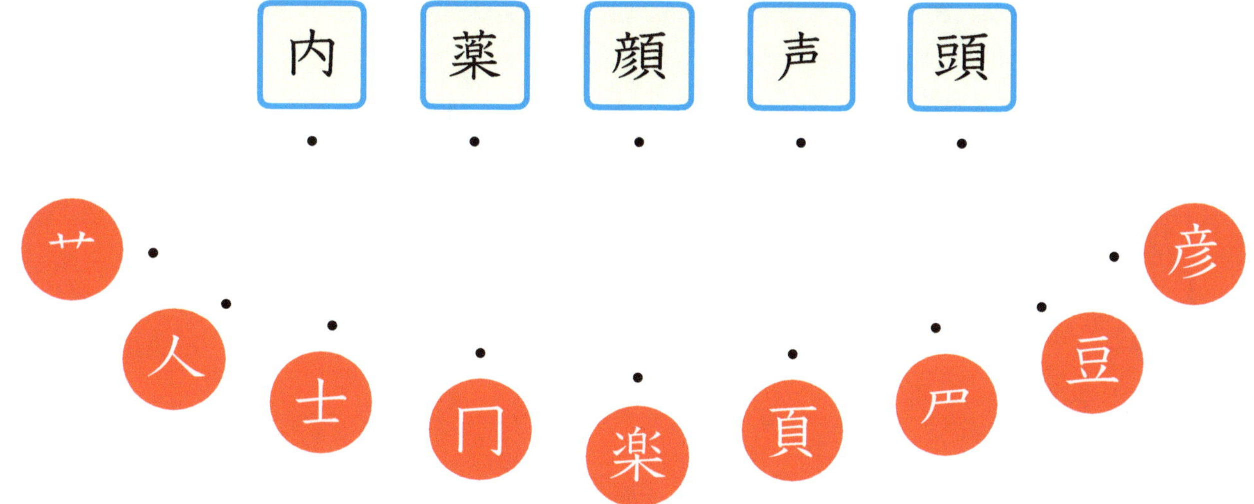

れんしゅう C　＿＿＿＿＿の　ことばは　どう　かきますか。　1・2・3・4から　いちばん　いい　ものを　ひとつ　えらんで　ください。

1　だいじょうぶ　ですか。　かおいろが　わるい　です。

1　薬色　　　　　2　脚色　　　　　3　頭色　　　　　4　顔色

2　いま　わからないけど、　そのうち　わかる　でしょう。

1　肉　　　　　2　内　　　　　3　口　　　　　4　問

3　どんな　くすりを　のんで　いますか。

1　薬　　　　　2　楽　　　　　3　樂　　　　　4　樑

れんしゅう D　＿＿＿＿＿の　ことばは　ひらがなで　どう　かきますか。　1・2・3・4から　いちばん　いい　ものを　ひとつ　えらんで　ください。

1　40さいに　なってから　白髪が　ふえて　きました。

1　しろかみ　　　　2　しらが　　　　3　はくけ　　　　4　はきけ

2　きょう　頭が　いたくて、　がっこうを　やすみます。

1　あし　　　　　2　あたま　　　　3　うち　　　　　4　かお

3　あした　小テストが　あるので、　こんや　べんきょう　しないと　いけません。

1　しょう　　　　2　しょ　　　　　3　こ　　　　　4　ご

28 忙 恥 偉 難 若 欲

193	食	食（た）べる	to eat　comer　manger	朝食（ちょうしょく）	＝ 朝（あさ）ご飯（はん）
		食（しょく）パン	plain bread　pan simple　pain nature	食事（しょくじ）	a meal　una comida　un repas
194	忙	忙（いそ）しい	busy　ocupado　occupé		
		多忙（たぼう）	busyness; very busy　muy ocupado　très occupé		
195	恥	恥（はじ）	shame　lástima　honte		
		恥（はず）ずかしい	embarrassing　embarazoso　embarrassant		
196	偉	偉（えら）い	honorable, commendable　honorable	偉（えら）そう（な）	pompous　pomposo　pompeux
		偉大（いだい）（な）	great, amazing　excelente, asombroso　super, incroyable		
197	難	難（むずか）しい	difficult　difícil　difficile		
198	若	若（わか）い	young　joven　jeune		
		若者（わかもの）	young person　persona joven　jeune personne		
199	欲	欲（ほ）しい	want　desear, querer　vouloir		
		食欲（しょくよく）	appetite　apetito　appétit		

れんしゅう A 漢字（かんじ）で　書いて　ください。

1　（たか）□い　車が　（ほ）□しい　ですが、（はず）□かしいから　やめます。

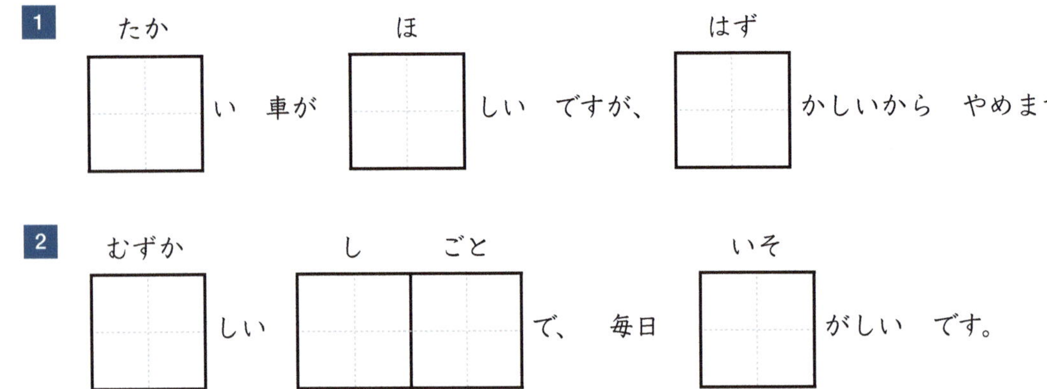

2　（むずか）□しい　（し ごと）□□で、　毎日　（いそ）□がしい　です。

3　（えら）□そうに　見えるが、　かれは　ほんとうに　やさしい　（わか もの）□□です。

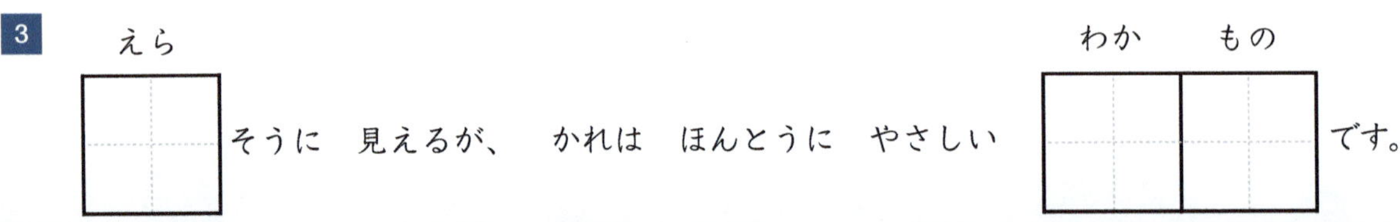

1

忙しい ですけど、明日 家族と 食事を します。

2

若者が ゴミを ちゃんと すてて、偉い ですね。

3

偉大な 人も 恥を かくことが あります。

れんしゅう C　＿＿＿の　ことばは　どう　かきますか。　1・2・3・4から　いちばん　いい　ものを　ひとつ
えらんで　ください。

1　えらそうな　たいどを　とるな。

　　1　緯そう　　　　　2　韓そう　　　　　3　偉そう　　　　　4　違そう

2　げんだいの　わかものは　あまり　タバコを　すいません。

　　1　左人　　　　　2　苦老　　　　　3　右物　　　　　4　若者

3　なにが　ほしい　ですか。

　　1　欲い　　　　　2　欲しい　　　　　3　飲い　　　　　4　飲しい

れんしゅう D　＿＿＿の　ことばは　ひらがなで　どう　かきますか。　1・2・3・4から　いちばん　いい
ものを　ひとつ　えらんで　ください。

1　この　テストは　難しすぎます。

　　1　ほし　　　　　2　むずかし　　　　　3　なんし　　　　　4　こわし

2　きょうの　朝食は　なん　ですか。

　　1　あさめし　　　　　2　ちょうしょく　　　　　3　あさごはん　　　　　4　ゆうしょく

3　ちちは　しごとで　多忙ですが、　きゅうじつには　かぞくと　じかんを　すごします。

　　1　たぼう　　　　　2　おおいそ　　　　　3　たきゅう　　　　　4　いてん

4　わたしには、　おんせんに　いくことが　恥ずかしい　こと　なんです。

　　1　ぼずかしい　　　　　2　ほづかしい　　　　　3　はじずかしい　　　　　4　はずかしい

200	円	円（えん） circle　círculo　cercle	半円（はんえん） semicircle　semicírculo　demi-cercle
		〜円（えん） ~ yen　~ yenes　~ yens	
201	忘	忘（わす）れる to forget　olvidar　oublier	
		忘（わす）れ物（もの） forgotten items　objeto perdido　objet perdu	
202	困	困（こま）る to be distressed, to have trouble　estar angustiado, tener problemas　être en détresse, avoir des difficultés	
		困難（こんなん） difficulty, hardship　dificultad, sufrimientos　difficulté, épreuves	
203	違	違（ちが）う to be different; to be wrong　ser diferente; estar equivocado　être différent; avoir tort	スピード違反（いはん） speeding violation　infracción por exceso de velocidad　excès de vitesse
		間違（まちが）える to make a mistake　cometer un error　faire une erreur	〜に違（ちが）いない definitely ~　definitivamente ~　certainement ~
204	払	払（はら）う to pay　pagar　payer	現金払（げんきんばら）い cash payment　pago en efectivo　paiement en espèces
		注意（ちゅうい）を払（はら）う to pay attention　prestar atención　prêter attention	
205	戻	戻（もど）す to return (something)　devolver (algo)　retourner (quelque chose)	払（はら）い戻（もど）す to repay, to refund　reembolsar　rembourser
		戻（もど）る (something) returns　(algo) regresa　(quelque chose) revient	
206	遊	遊（あそ）ぶ to play; to hang out　jugar; salir　jouer; sortir	
		水遊（みずあそ）び playing in water　jugando en el agua　jouer dans l'eau	

れんしゅう A　正（ただ）しい ことばを えらんで ください。

1　【 忘れ物・水遊び 】が ないか かくにんして ください。

2　テストが 明日で、 勉強（べんきょう）が 出来（でき）なかったら 【 払い戻します・困ります 】。

3　あぶないので、 もう ちょっと 注意（ちゅうい）を 【 遊んで・払って 】 ください。

4　犬（いぬ）が まどの 外を 見ています。 鳥（とり）が いる 【 に違いない・から困ります 】

5　あまり お金が なくて、 せいかつが とても 【 困難・楽しい 】 です。

6　あさって、 友だちと 【 払いに・遊びに 】 でかけます。

7　【 現金払い・半円 】を かいて みて ください。

　ことばと　あっている　えに　せんで　つないで　ください。

困難　　　払う　　　忘れる　　　水遊び　　　スピード違反

れんしゅう C　_____の　ことばは　どう　かきますか。　1・2・3・4から　いちばん　いい　ものを　ひとつ　えらんで　ください。

1　<u>まちがえ</u>ないように　きを　つけます。

　1　違え　　　　　2　間違え　　　　　3　偉え　　　　　4　問偉え

2　<u>わすれもの</u>が　あった　よう　です。

　1　忘れ物　　　　2　忘れ者　　　　　3　忙れ物　　　　4　忙れ者

3　クレジットカードではなくて、　<u>げんきんばらい</u>に　したい　です。

　1　境地私い　　　2　現金払い　　　　3　限銀吐い　　　4　元良持い

れんしゅう D　_____の　ことばは　ひらがなで　どう　かきますか。　1・2・3・4から　いちばん　いい　ものを　ひとつ　えらんで　ください。

1　おわったら、　その　ほんを　ちゃんと　<u>戻し</u>なさい。

　1　さし　　　　　2　まし　　　　　　3　もりし　　　　4　もどし

2　スピード<u>違反</u>で　たいほ　されました。

　1　しゅっぱん　　2　れんかん　　　　3　かんぱん　　　4　いはん

3　ながい　さくぶんを　よむのが　すこし　<u>困難</u>　です。

　1　こうあん　　　2　こなん　　　　　3　こんなん　　　4　こんあん

30　付置変覚合回

#	漢字				
207	日	今日 (きょう)	today hoy aujourd'hui	〜曜日 (ようび)	day of the week día de la semana jour de la semaine
		〜日 (にち・か)	the ~th day el ~ día le ~ jour	一日中 (いちにちじゅう)	all day todo el dia toute la journée
208	付	日付 (ひづけ)	date fecha date	付ける (つ)	to attach, to add on adjuntar, agregar attacher, ajouter
		受付 (うけつけ)	reception recepción réception	付く (つ)	to be attached estar adjunto être attaché
209	置	置く (お)	to put, to place poner mettre		
		物置 (ものおき)	storage room un cuarto de almacenamiento une salle de stockage		
210	変	変わる (か)	(something) changes (algo) cambia (quelque chose) change	変（な）(へん)	weird, strange extraño bizarre, étrange
		変える (か)	to change (something) cambiar (algo) changer (quelque chose)	大変（な）(たいへん)	terrible, awful; difficult horrible; difícil terrible, affreux; difficile
211	覚	覚える (おぼ)	to memorize, to learn memorizar, aprender mémoriser, apprendre	目を覚ます (め・さ)	to wake (someone) up despertar a (alguien) réveiller (quelqu'un)
		目が覚める (め・さ)	to wake up despertar se réveiller		
212	合	合う (あ)	to fit, to match; to be correct caber, igualar; ser correcto s'adapter, matcher; être correct	間に合う (ま・あ)	to make it on time llegar a tiempo être à l'heure
		合図 (あいず)	sign, signal señal signal	試合 (しあい)	game, competition partido match, jeu
213	回	〜回 (かい)	~ times ~ veces ~ fois	回す (まわ)	to turn/spin (something) girar (algo) tourner (quelque chose)
		回る (まわ)	(something) turns, spins (algo) gira (quelque chose) tourne	回り道 (まわ・みち)	detour desvío détour

れんしゅう A　漢字で 書いて ください。

1. 𠆢 ＋ 一 ＋ 口 ＝ ☐

2. 𭕄 ＋ ⼍ ＋ 見 ＝ ☐

3. 囗 ＋ 口 ＝ ☐

4. 寸 ＋ イ ＝ ☐

5. 亦 ＋ 夂 ＝ ☐

6. 四 ＋ 直 ＝ ☐

1　あい図

会 vs 合

2　物おき

置 vs 値

3　まわる

両 vs 回

4　かえる

変 vs 恋

5　おぼえる

覚 vs 蛍

6　日づけ

付 vs 符

れんしゅう C　＿＿＿の ことばは どう かきますか。　1・2・3・4から いちばん いい ものを ひとつ えらんで ください。

1　ほんを つくえの うえに おいて ください。

1　置いて　　　　2　書いて　　　　3　買いて　　　　4　直いて

2　この みちを とおることが できないので、まわりみちに しましょう。

1　品り道　　　　2　品り首　　　　3　回り道　　　　4　回り首

3　とりの こえで めが さめました。

1　覚めました　　　　2　覚ました　　　　3　唄めました　　　　4　唄ました

4　うけつけで なまえを かいて ください。

1　値附　　　　2　府教　　　　3　教授　　　　4　受付

れんしゅう D　＿＿＿の ことばは ひらがなで どう かきますか。　1・2・3・4から いちばん いい ものを ひとつ えらんで ください。

1　一日中 テーマパークで あそびました。

1　ひとびちゅう　　2　ついたちじゅう　　3　いちにちじゅう　　4　ひとぴじゅ

2　しあいに 間に合うように いえを でます。

1　まにあう　　　　2　かんにあう　　　　3　あいだにごう　　　　4　かんにごう

3　この えは ちょっと 変な かんじが します。

1　かわな　　　　2　たいな　　　　3　へな　　　　4　へんな

＿＿＿＿の　ことばは　どう　かきますか。　１・２・３・４から　いちばん　いい　ものを　ひとつ
えらんで　ください。

1　この　ほんを　<u>おわり</u>まで　よんで　みます。

1　触わり　　　　2　始わり　　　　3　柊わり　　　　4　終わり

2　25ふん<u>いない</u>に　もどって　きます。

1　以外　　　　2　以下　　　　3　以内　　　　4　以上

3　「おさけを　のみましたか。」「<u>ちがいます</u>。」

1　衛います　　　　2　違います　　　　3　偉います　　　　4　韓います

4　とつぜん　どろぼうが　<u>あらわれて</u>、　わたしは　さけびました。

1　変れて　　　　2　現れて　　　　3　銀れて　　　　4　洗れて

5　わたしは　もう　<u>わかくない</u>　です。

1　若く　　　　2　苦く　　　　3　古く　　　　4　右く

6　「きのう、　いぬに　かまれました。」「え？　それは　<u>たいへん</u>　ですね。」

1　大恋　　　　2　多恋　　　　3　大変　　　　4　多変

7　ピアノの　パフォーマンスが　8じに　<u>はじまります</u>。

1　始まります　　　　2　妹まります　　　　3　姉まります　　　　4　肺まります

8　ともだちが　<u>あそび</u>に　きます。

1　遊び　　　　2　族び　　　　3　旅び　　　　4　建び

9　<u>げんだい</u>の　わかものの　いけんを　ききたい　です。

1　野球　　　　2　代表　　　　3　現代　　　　4　拝金

10　はやく　めを　<u>さまして</u>、　あさごはんを　たべます。

1　覚まして　　　　2　冷まして　　　　3　見まして　　　　4　蛍まして

＿＿＿の ことばは ひらがなで どう かきますか。 1・2・3・4から いちばん いい ものを
ひとつ えらんで ください。

1 いま どこに 住んで いますか。

    1 すんて   2 しんて   3 まもんで   4 あそんて

2 たなかさんの 顔色が わるくて、 だいじょうぶ でしょうか。

    1 あっしょく   2 げんしょく   3 せっけん   4 かおいろ

3 すごい くも ですね。 あめが ふるに 違いない です。

    1 とい   2 ちがい   3 そうい   4 あおい

4 せんせいから 重大な はっぴょうが ある そうです。

    1 じゅおお   2 おもたい   3 じゅうだい   4 かさねたい

5 かぜを ひいて、 食欲が ぜんぜん ありません。

    1 たべほう   2 しょくよく   3 たべよく   4 しょくほ

6 じてんしゃの ペダルを 回して みて ください。

    1 かして   2 かいして   3 まわりして   4 まわして

7 サッカーの しあいが とつぜん 中止に なりました。

    1 なかどめ   2 ちゅうし   3 たし   4 らっす

8 つかっている 目薬は あまり ききません。

    1 さぎょう   2 べんり   3 がんきゅう   4 めぐすり

9 しょうひんに もんだいが あったので、 おかねを 払い戻して もらいました。

    1 はいもして   2 はらいもして   3 はいもどして   4 はらいもどして

10 ふえの おとは スタートの 合図 です。

    1 ごうず   2 あいず   3 あいす   4 ごうす

ボーナス漢字

A	B	C
必要約供求君皆	優危痛苦幸美喜	夫妻祖婦両結婚

214	必	必ず（かなら）	definitely, always definitivamente, siempre certainement, toujours
		必死（ひっし）	frantic, desperate frenético, desesperado frénétique, désespéré
215	要	要る（い）	to need necesitar avoir besoin
		必要（ひつよう）（な）	need, necessary necesidad, necesario besoin, nécessaire
		重要（じゅうよう）（な）	important, significant importante, significativo important, significatif
216	約	約～（やく）	approximately ~ aproximadamente ~ environ ~
		要約（ようやく）	summary resumen résumé
217	供	子供（こども）	child(ren) niño(s) enfant(s)
		供する（きょう）	to serve, to provide (something) servir, proporcionar (algo) servir, fournir de (quelque chose)
218	求	求める（もと）	to request, to ask for solicitar, pedir demander
		要求（ようきゅう）	demand, request demanda, pedido demande
		求人（きゅうじん）	help wanted se busca ayudante aide recherchée
219	君	君（きみ）	you tú tu
		～君（くん）	suffix usually added to a boy's name un sufijo que generalmente se agrega al nombre de un niño un suffixe généralement ajouté au nom d'un garçon
220	皆	皆さん（みな）	everyone cada persona toutes les personnes

れんしゅう A 漢字（かんじ）で 書いて ください。

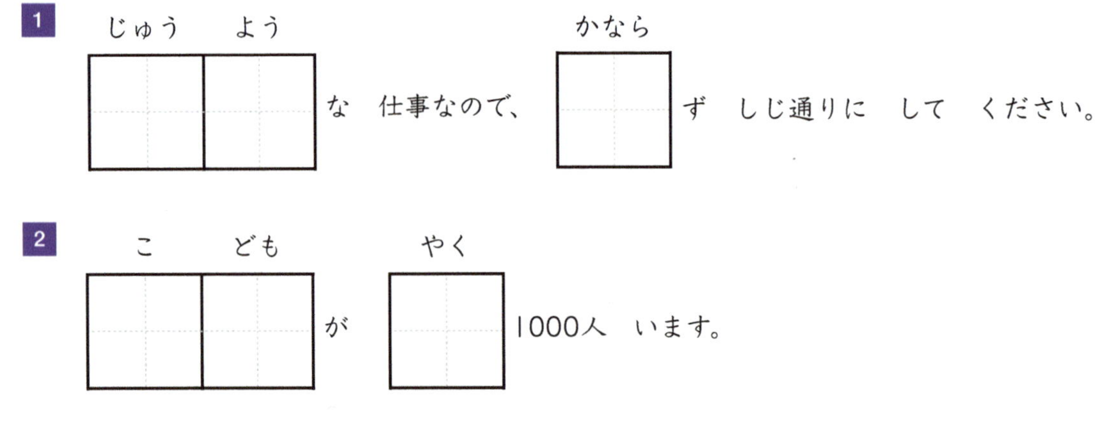

1　じゅう　よう　　　　　かなら

　□□ な 仕事なので、□ ず しじ通りに して ください。

2　こ　ども　　やく

　□□ が □ 1000人 います。

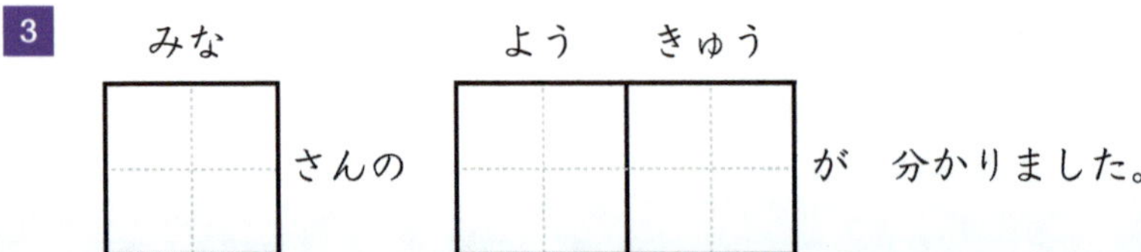

3　みな　　　　よう　きゅう

　□ さんの □□ が 分かりました。

1　きみ

尹

2　い

女　る

3　みな

比　さん

4　きょう

イ　する

5　やく

勹

れんしゅう C　＿＿＿の　ことばは　どう　かきますか。　1・2・3・4から　いちばん　いい　ものを　ひとつ
えらんで　ください。

1　たなか<u>くん</u>、　しゅくだいを　ちゃんと　やりましたか。

　1　裙　　　　　2　君　　　　　3　協　　　　　4　煮

2　ようふくを　<u>もとめて</u>　いる　おきゃくさんが　きました。

　1　求めて　　　　2　球めて　　　　3　泉めて　　　　4　様めて

3　えんぴつが　<u>いる</u>ので、　わすれない　ように　きを　つけて　ください。

　1　炒る　　　　2　入る　　　　3　居る　　　　4　要る

れんしゅう D　＿＿＿の　ことばは　ひらがなで　どう　かきますか。　1・2・3・4から　いちばん　いい
ものを　ひとつ　えらんで　ください。

1　せんせいが　おやつを　<u>供</u>しました。

　1　や　　　　2　きょう　　　　3　いた　　　　4　ども

2　<u>必要</u>な　にんずうは　どのくらい　ですか。

　1　ひっし　　　　2　じゅうよう　　　　3　ひつよう　　　　4　ひっす

3　<u>皆</u>さん、　どうぞ　おたち　ください。

　1　かい　　　　2　かあ　　　　3　みな　　　　4　とう

221	優	優しい (やさしい) — kind, nice amable gentil	優れる (すぐれる) — to surpass, to excel, to be outstanding superar, sobresalir surpasser, exceller, être exceptionnel
		女優 (じょゆう) — actress actriz actrice	
222	危	危ない (あぶない) — dangerous peligroso dangereux	
		危うく (あやうく) — nearly, narrowly, almost casi failli	
223	痛	痛い (いた) — painful, hurt duele fait mal, douloureux	頭痛 (ずつう) — headache dolor de cabeza mal de tête
		痛み (いた) — pain dolor douleur	
224	苦	苦い (にが) — bitter amargo amer	苦痛 (くつう) — pain, agony dolor, agonía douleur, agonie
		苦しい (くる) — agonizing agonizante angoissant	
225	幸	幸せ（な）(しあわ) — happiness felicidad bonheur	
		幸い（な）(さいわ) — happiness, good fortune felicidad, afortunadamente bonheur, heureusement	
226	美	美しい (うつく) — beautiful hermoso beau	
		美人 (びじん) — a beautiful woman una mujer hermosa une belle femme	
227	喜	喜ぶ (よろこ) — to be glad, to rejoice ser feliz, regocijarse soyez heureux, se réjouir	喜んで (よろこ) — with pleasure con mucho gusto avec plaisir
		喜び (よろこ) — joy, gladness alegría joie	喜ばしい (よろこ) — joyous jubiloso joyeux

れんしゅう A 漢字で 書いて ください。

1 この メロンが 【 美しい・苦い 】 です。 食べられません。

2 【 頭痛・喜び 】が あって、 病院に 行きます。

3 あの 【 女優・痛み 】の 名前は 何でしたっけ？

4 【 喜ばしい・危ない 】 ばしょを さけて ください。

5 あなたの 【 苦痛・幸せ 】を いのります。

6 かれらの 中で、 スミスさんが いちばん 【 優れて・苦しくて 】いると 思います。

7 「これを 運んで ください。」「【 喜んで・美しくて 】 します。」

れんしゅう B　どの　漢字が　正しい　ですか。　正しい　漢字を　○で　えらんで　ください。

1　頭つう

痛　vs　病

3　くるしい

若　vs　苦

5　うつくしい

美　vs　羊

2　さいわい

幸　vs　辛

4　よろこぶ

喜　vs　嬉

6　あぶない

厄　vs　危

れんしゅう C　＿＿＿＿の　ことばは　どう　かきますか。　1・2・3・4から　いちばん　いい　ものを　ひとつ　えらんで　ください。

1　あの　びじんって　だれ　だろう。

1　美人　　　　2　未人　　　　3　末人　　　　4　美人

2　この　えいがの　リードじょゆうは　とても　きれい　です。

1　母愛　　　　2　女優　　　　3　蜂蜜　　　　4　必死

3　ともだちが　たくさん　いて、　わたしは　ほんとうに　しあわせ　です。

1　幸せ　　　　2　辛せ　　　　3　達せ　　　　4　僕せ

れんしゅう D　＿＿＿＿の　ことばは　ひらがなで　どう　かきますか。　1・2・3・4から　いちばん　いい　ものを　ひとつ　えらんで　ください。

1　おかねが　ない　じんせいは　苦しい　じんせい　です。

1　くさしい　　　2　にがしい　　　3　くしい　　　4　くるしい

2　はを　ぬいた　あとの　痛みは　たいへん　です。

1　つうみ　　　　2　くるみ　　　　3　いたみ　　　　4　つみ

3　おとうさんは　おかあさんほど　優しくない　です。

1　あやしく　　　2　やさしく　　　3　いやしく　　　4　すぐしく

4　危うく　ころびそうに　なりましたが、　ともだちが　たすけて　くれました。

1　あやうく　　　2　あびうく　　　3　やびうく　　　4　あうく

228	夫	おっと 夫	(my) husband (mi) esposo (mon) mari	しゅふ 主夫	house-husband, stay-at-home-father esposo de casa mari au foyer
		くふう 工夫	to figure out (something) descubrir comprendre		
229	妻	つま 妻	(my) wife (mi) esposa (ma) femme	いっぷたさい 一夫多妻	polygamy poligamia polygamie
		ふさい 夫妻	Mr. and Mrs. Sr. y Sra. Monsieur et Madame		
230	祖	そふ 祖父	(my) grandfather (mi) abuelo (mon) grand-père	じい お祖父さん	grandfather abuelo grand-père
		そぼ 祖母	(my) grandmother (mi) abuela (ma) grand-mère	ばあ お祖母さん	grandmother abuela grand-mère
231	婦	ふうふ 夫婦	husband and wife, married couple esposo y esposa, pareja casada mari et femme, couple marié		
		しゅふ 主婦	house-wife, stay-ay-home-mom ama de casa femme au foyer		
232	両	りょうほう 両方	both ambos les deux	りょうて 両手	both hands ambas manos les deux mains
		りょうしん 両親	parents padres parents	りょうこく 両国	both countries ambos países les deux pays
233	結	むす 結ぶ	to tie; to link atarse; unir attacher; relier		
		ゆ 結う	to tie up one's hair recogerse el pelo attacher ses cheveux		
234	婚	けっこん 結婚	marriage matrimonio, casamiento mariage	みこん 未婚	unmarried soltero non marié
		こんやく 婚約	marriage proposal propuesta de matrimonio proposition de mariage	しんこんりょこう 新婚旅行	honeymoon trip viaje de luna de miel voyage de noces

れんしゅう A 　かんじ
漢字で　書いて　ください。

　漢字と　あっている　パーツを　せんで　つないで　ください。

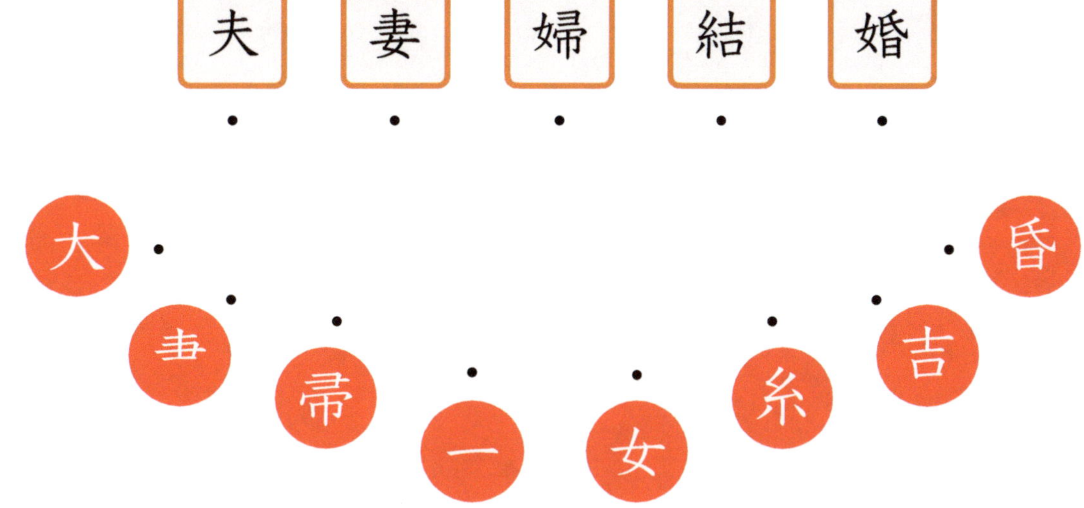

れんしゅう **C**　＿＿＿＿の　ことばは　どう　かきますか。　1・2・3・4から　いちばん　いい　ものを　ひとつ　えらんで　ください。

1　けっこんしきの　あとは　<u>しんこんりょこう</u>　です。

　　1　析婚遊行　　　　2　新婚旅行　　　　3　新結婦行　　　　4　析結婦行

2　はやく　かえって　ください。　<u>おばあさん</u>が　まっています。

　　1　お父祖さん　　　2　お母祖さん　　　3　お祖父さん　　　4　お祖母さん

3　この　ゲームを　するには　<u>りょうて</u>が　ひつよう　です。

　　1　繭頭　　　　　　2　輛首　　　　　　3　輛足　　　　　　4　両手

れんしゅう **D**　＿＿＿＿の　ことばは　ひらがなで　どう　かきますか。　1・2・3・4から　いちばん　いい　ものを　ひとつ　えらんで　ください。

1　おかあさんが　わたしの　かみを　かわいく　<u>結って</u>　くれました。

　　1　ゆって　　　　　2　むすって　　　　3　けって　　　　　4　かって

2　この　もんだいを　かいけつするには、　<u>工夫</u>する　ひつようが　あります。

　　1　こうふ　　　　　2　くうふう　　　　3　くふう　　　　　4　こふ

3　きょねん　しごとを　やめて　<u>主婦</u>に　なりました。

　　1　ぬふ　　　　　　2　しゅふ　　　　　3　しゅじょ　　　　4　ぬじょう

N4

げんごちしき (もじ)

(15ふん)

この　もぎテストに　文字（漢字）の　質問しか　ありません。　じっさいの　試験の　時、　25分が　ありますが、　もぎテストでは　15分以内で　終わる　ことを　がんばって　ください。

In this mock test, only questions related to characters (kanji) are presented. When you take the actual test, you will have 25 minutes to complete this section, but for the mock test, try to finish this section in 15 minutes or less.

En esta prueba de práctica, solo se presentan preguntas relacionadas con caracteres (kanji). Cuando realices la prueba real, tendrás 25 minutos para completar esta sección, pero para la prueba de práctica, intenta terminar esta sección en 15 minutos o menos.

Dans ce test simulé, seules les questions liées aux caractères (kanji) sont présentées. Lorsque vous passerez le test réel, vous disposerez de 25 minutes pour compléter cette section, mais pour le test simulé, essayez de terminer cette section en 15 minutes ou moins.

文字

もんだい１　＿＿＿＿の　ことばは　ひらがなで　どう　かきますか。
１・２・３・４から　いちばん　いい　ものを　えらんで
ください。

（れい）　　ボールは　テーブルの　上に　あります。

　　　　　１　あお　　　うえ　　　３　した　　　４　よこ

1　火事で　すべてが　もえて　しまいました。

　　１　ひごと　　　　２　かじ　　　　３　ひじ　　　　４　びごと

2　すずきさんが　とつぜん　走り出しました。

　　１　はしりだし　　　　　　　　３　ありだし
　　２　はしりでし　　　　　　　　４　ありでし

3　おとうさんは　いそがしいから　多分　こないと　おもいます。

　　１　じぶん　　　２　おおた　　　３　たぶん　　　４　ごふん

4　きょうの　きおんは　何度　でしょうか。

　　１　なんど　　　２　なんか　　　３　なんよう　　　４　なんじ

5　しゅうまつに　ともだちの　いえに　遊びに　いきます。

　　１　しのび　　　２　あくび　　　３　たび　　　４　あそび

6　図書館の　なかで　たべては　いけません。

　　１　としょかん　　　２　えいがかん　　　３　あそびかん　　　４　けいさつかん

文字

もんだい２ ＿＿＿＿の ことばは どう かきますか。
１・２・３・４から いちばん いい ものを えらんで ください。

（れい）　えいごが むずかしい です。

　　　　　１　中国　　　　２　日本語　　③　英語　　　４　韓国語

7　じみな Ｔシャツを きている ひとは わたしの あに です。

　　　１　不味　　　　２　地味　　　　３　君　　　　４　地図

8　にほんの あきやが どんどん ふえて いる らしい です。

　　　１　究き族　　　２　空き家　　　３　咥き豚　　４　秋屋

9　なつの かぜが きもち いい ですね。

　　　１　香　　　　　２　冬　　　　　３　夏　　　　４　春

10　くるまが とまってから とおりを わたりましょう。

　　　１　止まって　　２　正まって　　３　凪まって　　４　通まって

11　その ペンを かして くれませんか。

　　　１　借して　　　２　賃して　　　３　買して　　　４　貸して

12　おんがくが すき です。とくに ビートルズ。

　　　１　特に　　　　２　待に　　　　３　持に　　　　４　詩に

N4

げんごちしき (もじ)

(15ふん)

もんだい１　＿＿＿＿の　ことばは　ひらがなで　どう　かきますか。
１・２・３・４から　いちばん　いい　ものを　えらんで
ください。

（れい）　　　ボールは　テーブルの　上に　あります。

　　　　１　あお　　　　うえ　　　３　した　　　４　よこ

1　漢字の　べんきょうが　もんだいなく　すすんで　います。

　　１　かんじ　　　　２　かんぽう　　　３　ひらがな　　　４　もじ

2　あの　みせの　開店じかんは　あさ　8じ　です。

　　１　かいせん　　　２　へいてん　　　３　かいてん　　　４　へいせん

3　おさけを　のむなら　運転しないで　ください。

　　１　てんしょく　　２　かいほう　　　３　べんきょう　　４　うんてん

4　世界を　すくう　ひとは　「ヒーロー」と　よぶの　です。

　　１　せけん　　　　２　せかい　　　　３　ようかい　　　４　よけん

5　かのじょは　意外に　やさしい　です。

　　１　いがい　　　　２　あんない　　　３　しこう　　　４　れんらく

6 おとうさんは　<u>昼間</u>　はたらいて　います。

　　1　ゆうがた　　　　2　ちゅうか　　　　3　ひるま　　　　4　こあいだ

7 かのじょは　<u>天使の</u>　ように　うつくしい　です。

　　1　あまち　　　　2　てんし　　　　3　でんき　　　　4　でし

文字

文字

もんだい2　＿＿＿＿の　ことばは　どう　かきますか。
　　　　　1・2・3・4から　いちばん　いい　ものを　えらんで　ください。

（れい）　えいごが　むずかしい　です。

　　　　1　中国　　　　　2　日本語　　　③　英語　　　　4　韓国語

8　なぜ　それが　おこったか、　しって　いますか。

　　1　智って　　　　　2　知って　　　　3　雉って　　　　4　歌って

9　5　たす　4は　9です。

　　1　加す　　　　　2　体す　　　　3　耳す　　　　4　足す

10　かれの　はつおんは　まるで　ネーティブの　よう　です。

　　1　発音　　　　　2　祭韻　　　　3　波員　　　　4　鉢買

11　この　ストーリーの　しゅじんこうの　なまえは　ジョン　です。

　　1　注入公　　　　　2　王人翁　　　　3　主人公　　　　4　住入翁

12　わたしは　まいにち　ごぜん9じに　おきます。

　　1　置きます　　　　　2　事きます　　　　3　怒きます　　　　4　起きます

N4

げんごちしき (もじ)

(15ふん)

文字

もんだい1 ＿＿＿＿の　ことばは　ひらがなで　どう　かきますか。
1・2・3・4から　いちばん　いい　ものを　えらんで
ください。

（れい）　　ボールは　テーブルの　上に　あります。

　　　　　　1　あお　　うえ　　　3　した　　　　4　よこ

1　おとうとに　くるまを　売ります。

　　1　あり　　　　　2　えり　　　　3　うり　　　　4　おり

2　地図を　つかって、　たび　しましょう。

　　1　ちず　　　　　2　とぞ　　　　3　しょかん　　4　つち

3　入場ぐちは　あそこに　あります。

　　1　にゅうば　　　　　　　　　3　いりしょ
　　2　にゅうじょう　　　　　　　4　いれば

4　かのじょは　じゅうしょを　教えて　くれました。

　　1　もえて　　　　　2　きえて　　　　3　そなえて　　4　おしえて

5　前髪が　ほしい　ですけど、　きるのは　こわい　です。

　　1　ごかみ　　　　　2　ぜんがみ　　　3　まえがみ　　4　おおかみ

6 いずみの　みずが　みずうみに　<u>注ぎ</u>ました。

　　１　つぎ　　　　　　２　そそぎ　　　　　３　さぎ　　　　　４　まぎ

7 でんきが　きえて、　へやが　<u>真っ黒</u>に　なりました。

　　１　まっくろ　　　　２　まっさお　　　　３　しっこく　　　４　しっか

文字

もんだい2 ＿＿＿＿の　ことばは　どう　かきますか。
　　　　　１・２・３・４から　いちばん　いい　ものを　えらんで　ください。

（れい）　　えいごが　むずかしい　です。
　　　　　　　　１　中国　　　　　２　日本語　　　③　英語　　　　４　韓国語

8　もうちょっと　おにいさんに　みならって　ください。

　　１　見羽って　　　　２　見張って　　　３　見習って　　　４　見帳って

9　いつか　いしゃに　なりたい　です。

　　１　医者　　　　　　２　病気　　　　　３　痛車　　　　　４　学院

10　ひづけを　ちゃんと　かいて　ください。

　　１　勉強　　　　　　２　家事　　　　　３　月曜　　　　　４　日付

11　くるまが　こわれました。　しかたが　ありません。　タクシーを　よびます。

　　１　仕事　　　　　　２　仕方　　　　　３　南口　　　　　４　人魚

12　じかんに　なりそうなので、　いそぎましょう。

　　１　必ぎ　　　　　　２　急ぎ　　　　　３　調ぎ　　　　　４　祖ぎ

漢字リスト

Kanji are grouped by stroke order and then ordered by page number.
Los kanji están agrupados por orden de trazos y luego ordenados por número de página.
Les kanji sont regroupés par ordre de trait puis classés par numéro de page.

2

力	32
入	48
人	76

3

口	12
夕	36
子	52
工	54
大	80
小	80

4

手	12
不	20
文	30
少	44
心	46
犬	52
牛	52
公	52
反	60
分	62
方	64
父	68
切	68
中	76
止	76
内	80
円	84
日	86
夫	96

5

目	12
田	14
仕	14
古	16
外	20
以	20
正	32
写	34
立	38
北	46
用	48
出	50
主	52
台	54
冬	60
母	68
兄	68
世	78

6

耳	12
米	14
会	16
安	20
地	28
有	30
字	30
毎	36
早	36
死	38
多	44
年	54
同	54
行	62
自	62
休	64
考	64
気	66
色	70
肉	70
代	78
払	84
付	86
必	92
忙	82
合	86
回	86
危	94
両	96

7

足	12
体	12
売	16
図	18
別	32
走	38
作	38
近	44
社	44
利	44
町	46
対	60
医	66
究	66
弟	68
姉	68
住	76
何	78
声	80

グループ1

れんしゅう A

Write it using kanji.   Escríbelo en kanji.
Écrivez-le en kanji.

1. 足
2. 耳
3. 目
4. 体
5. 手
6. 口

れんしゅう B

Complete each kanji.   Completa cada kanji.
Complétez chaque kanji.

1. 体
2. 目
3. 足
4. 耳

れんしゅう C

How do you write the underlined word? Choose the best choice from options 1, 2, 3, and 4.
¿Cómo se escribe la palabra subrayada? Elige la mejor opción entre las opciones 1, 2, 3 y 4.
Comment écris-tu le mot souligné ? Choisissez le meilleur choix parmi les options 1, 2, 3 et 4.

1. 3
2. 2
3. 1
4. 4

れんしゅう D

How do you write the underlined word in hiragana?
Choose the best choice from options 1, 2, 3, and 4.
¿Cómo se escribe la palabra subrayada en hiragana?
Elige la mejor opción entre las opciones 1, 2, 3 y 4.
Comment écrivez-vous le mot souligné en hiragana ?
Choisissez le meilleur choix parmi les options 1, 2, 3 et 4.

1. 4
2. 2
3. 1
4. 2

グループ2

れんしゅう A

Select the correct word.   Seleccione la palabra correcta.
Sélectionnez le mot correct.

1. 英語
2. 上京
3. 火事
4. 米
5. 田中
6. なくて
7. 英国
8. 仕事

れんしゅう B

Draw a line to connect the kanji with the correct picture.
Dibuja una línea para conectar el kanji con la imagen correcta.
Tracez une ligne pour relier le kanji à la bonne image.

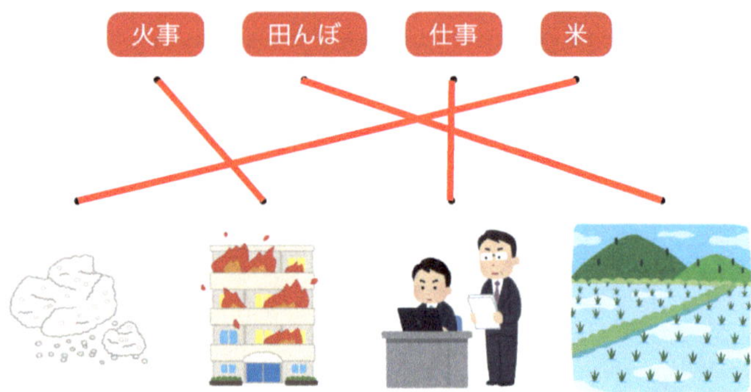

れんしゅう B

Write each kanji pronunciation in hiragana.
Escribe la pronunciación de cada kanji en hiragana.
Écrivez chaque prononciation de kanji en hiragana.

1. あした　あ
2. ちゅうこしゃ　か
3. しんしゃ　う
4. おも

れんしゅう C

1. 1
2. 4
3. 3
4. 1

れんしゅう D

1. 3
2. 4
3. 1

れんしゅう C

1. 1
2. 4
3. 1

れんしゅう D

1. 3
2. 2
3. 4

グループ4

れんしゅう A

1. 後で 学生会館で 会いましょう。
2. 駅の 後ろに 図書館が あります。
3. 長い 旅 でした。

グループ3

れんしゅう A

1. 思
2. 新
3. 会
4. 買
5. 古
6. 売

What is it? Write it using kanji.
¿Qué es esto? Escríbelo usando kanji.
Qu'est-ce que c'est? Écrivez-le en kanji.

1. 映画館
2. 図書館
3. 駅
4. 旅館

1. 1
2. 2

1. 3
2. 1

グループ5

1. 安い
2. 注目
3. 不足
4. 意外

1. 2
2. 2
3. 1
4. 4

1. 3
2. 1
3. 3
4. 4

グループ6

1. 大西洋
2. 下着
3. 借金

1. 服
2. 借
3. 起
4. 洋
5. 着

1. 4
2. 3
3. 4

1. 2
2. 1
3. 4

How do you write the underlined word? Choose the best choice from options 1, 2, 3, and 4.
¿Cómo se escribe la palabra subrayada? Elige la mejor opción entre las opciones 1, 2, 3 y 4.
Comment écris-tu le mot souligné ? Choisissez le meilleur choix parmi les options 1, 2, 3 et 4.

1. 1
2. 4
3. 2
4. 1
5. 3
6. 4
7. 4
8. 1
9. 2
10. 4

How do you write the underlined word in hiragana? Choose the best choice from options 1, 2, 3, and 4.
¿Cómo se escribe la palabra subrayada en hiragana? Elige la mejor opción entre las opciones 1, 2, 3 y 4.
Comment écrivez-vous le mot souligné en hiragana ? Choisissez le meilleur choix parmi les options 1, 2, 3 et 4.

1. 3
2. 2
3. 3
4. 1
5. 3
6. 4
7. 1
8. 4
9. 1
10. 2

グループ7

れんしゅう A

1. 味
2. 下品
3. 地図
4. 問題
5. 質
6. 話題
7. 食品
8. 生地

れんしゅう B

Which kanji is correct? Circle the correct kanji.
¿Qué kanji es correcto? Encierra en un círculo el kanji correcto.
Quel kanji est correct ? Entourez le bon kanji.

1. （質）vs 賃
2. （問）vs 間
3. 妹 vs （味）
4. （品）vs 晶
5. （地）vs 他
6. 越 vs （題）

れんしゅう C

1. 4
2. 2
3. 1

れんしゅう D

1. 1
2. 2
3. 1
4. 3

グループ8

れんしゅうＡ

1. 有料なので、注文したら、さいごに はら
   わないと いけません。
2. 地理の クラスが 有ります。
3. 中国では 漢字が おおく つかわれて
   います。

れんしゅうＢ

1. かんぽう
2. ゆうな りょうり ゆうめい
3. りょうきん

れんしゅうＣ

1. 3
2. 3
3. 1
4. 2

れんしゅうＤ

1. 4
2. 3
3. 2
4. 1

グループ9

れんしゅうＡ

1. 別
2. 正
3. 食
4. 急
5. 特
6. 力

れんしゅうＢ

1. 特
2. 堂
3. 別
4. 急
5. 正

れんしゅうＣ

1. 4
2. 3
3. 1

れんしゅうＤ

1. 1
2. 3
3. 2

グループ10

れんしゅうA

1. 家族
2. 写真
3. 家事
4. 食べ物

れんしゅうB

1. 真
2. 写
3. 家
4. 建

れんしゅうC

1. 2
2. 1
3. 4
4. 3

れんしゅうD

1. 3
2. 1
3. 2
4. 4

グループ11

れんしゅうA

1. 朝
2. 昼
3. 夜

れんしゅうB

1. 今朝、 朝ご飯を 食べましたか。
2. 朝早く 起きて、 夕ご飯の じゅんびを はじめた。
3. 夜に なったら、 お母さんが 七夕の 話を して くれた。

れんしゅうC

1. 3
2. 1
3. 3

れんしゅうD

1. 2
2. 4
3. 3

グループ12

れんしゅうA

1. 歌
2. 死
3. 立って
4. 走り出し
5. 作品
6. 歩いて
7. 母国

れんしゅうB

1. ⑳歌 vs 炊
2. 少 vs ⑳歩
3. ⑳死 vs 苑
4. ⑳作 vs 昨
5. 泣 vs ⑳立
6. 寺 vs ⑳走

れんしゅうC

1. 1
2. 1
3. 2

れんしゅうD

1. 3
2. 4
3. 1
4. 2

第2週　小テスト

1. 3
2. 4
3. 1
4. 4
5. 2
6. 1
7. 3
8. 1
9. 3
10. 3

1. 4
2. 3
3. 2
4. 1
5. 2
6. 2
7. 3
8. 4
9. 2
10. 4

グループ13

れんしゅうA

1. その トイレは 近くなくて、 不便です。
2. 多分、 会社に 5時ごろ 着く
   かもしれません。
3. 耳が よく 利く どうぶつは 少ない です。

れんしゅう B

1. にほんご　すこ
2. びん　たしょう
3. しゃちょう　みなら

れんしゅう C

1. 2
2. 4
3. 1
4. 1

れんしゅう D

1. 3
2. 4
3. 2

グループ14

れんしゅう A

1. 空
2. 海
3. 町
4. 心

れんしゅう B

1. 帰
2. 海
3. 空
4. 道

れんしゅう C

1. 4
2. 3
3. 1
4. 2

れんしゅう D

1. 2
2. 1
3. 4
4. 1

グループ15

れんしゅう A

1. 試験
2. 大使
3. 勉強
4. 入った
5. 強める
6. 先生用
7. 試して

れんしゅう B

れんしゅう C

1. 2
2. 1
3. 3

れんしゅう D

1. 4
2. 4
3. 4

グループ16

れんしゅう A

1. 発
2. 開
3. 楽
4. 員
5. 音
6. 店

れんしゅう B

1. おんしつ　うた
2. まいにち　てんちょう　みせ　ひら
3. こうちょう　たの　ひと

れんしゅう C

1. 1
2. 3
3. 4

れんしゅう D

1. 2
2. 4
3. 2
4. 1

グループ17

れんしゅう A

1. 牛
2. 犬
3. 魚
4. 鳥

れんしゅう B

1. 魚
2. 公
3. 犬
4. 主

れんしゅう C

1. 4
2. 2
3. 1
4. 3

れんしゅう D

1. 1
2. 1
3. 3
4. 2

グループ18

れんしゅうA

1.　工事
2.　時計
3.　4台
4.　時間　計って
5.　売り場

れんしゅうB

1.　二　vs　工
2.　揚　vs　場
3.　台　vs　吾
4.　計　vs　汁
5.　授　vs　受
6.　同　vs　洞

れんしゅうC

1.　1
2.　1
3.　4

れんしゅうD

1.　2
2.　3
3.　4
4.　2

第３週　小テスト

1.　4
2.　1
3.　2
4.　3
5.　4
6.　4
7.　1
8.　3
9.　1
10.　4

1.　4
2.　1
3.　1
4.　3
5.　4
6.　4
7.　3
8.　2
9.　3
10.　1

グループ19

れんしゅうA

1.　野生の 犬は 野犬と 言います。
2.　父は 野菜に いつも 反対して います。

冬　　春
秋　　夏

1. 1
2. 2
3. 3

1. 3
2. 1
3. 4

グループ20

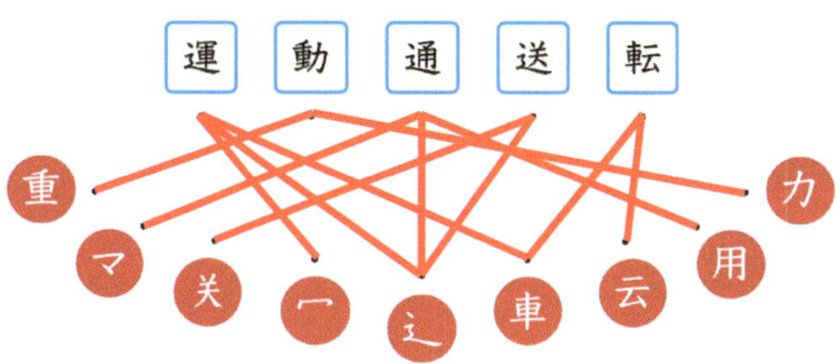

1. 4
2. 2
3. 1

1. 3
2. 2
3. 1

グループ21

1. 教会
2. 考え方
3. 教室
4. 授けて
5. 地下室

1. 室 vs 屋
2. 受 vs 授
3. 考 vs 老
4. 教 vs 教
5. 知 vs 和
6. 僕 vs 業

1. 3
2. 3
3. 2

1. 1
2. 4
3. 1
4. 3

グループ22

1. 母は 大学院で ぶんかの 研究を
   しています。
2. 病気に なったので、 病院で
   みてもらいました。
3. おなかが いたいなら、 医者に みて
   もらった 方が いい 気が します。

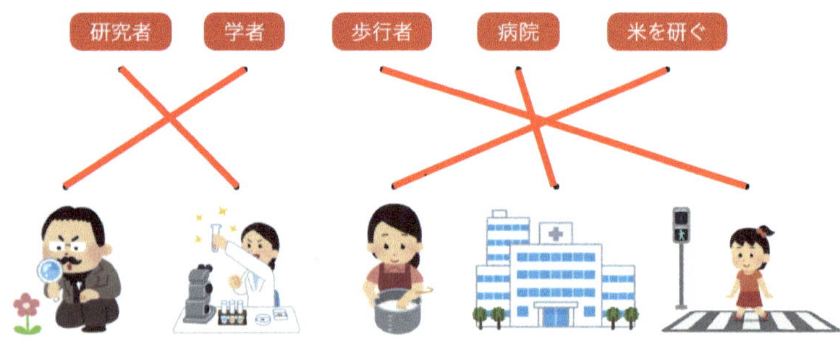

1. 2
2. 1
3. 4

1. 3
2. 4
3. 4

グループ23

1. 兄
2. 姉
3. 弟
4. 妹

1. 4
2. 1
3. 2
4. 4

1. 1
2. 1
3. 2
4. 3

グループ24

れんしゅう A

1. 水色
2. お茶
3. 金持ち
4. 牛肉

れんしゅう B

1. てがみ　ちゃいろ　い
2. いちど　き　なんど
3. こた　みずいろ　か

れんしゅう C

1. 4
2. 2
3. 4

れんしゅう D

1. 1
2. 2
3. 3
4. 4

第４週　小テスト

1. 3
2. 3
3. 1
4. 4
5. 1
6. 2
7. 3
8. 4
9. 4
10. 1

1. 2
2. 3
3. 1
4. 4
5. 2
6. 2
7. 1
8. 3
9. 3
10. 2

グループ25

れんしゅう A

1. 始　vs　妊
2. 正　vs　止
3. 持　vs　待
4. 準　vs　集
5. 柊　vs　終
6. 住　vs　仕

1. 4
2. 1
3. 2

1. 3
2. 4
3. 1
4. 1

グループ26

1. 代わりに
2. 重くて
3. 重大
4. 人間
5. 銀色

1. 代
2. 現
3. 重
4. 銀

1. 1
2. 3
3. 3
4. 4

1. 4
2. 1
3. 2
4. 4

グループ27

1. 頭
2. 顔
3. 薬
4. 髪

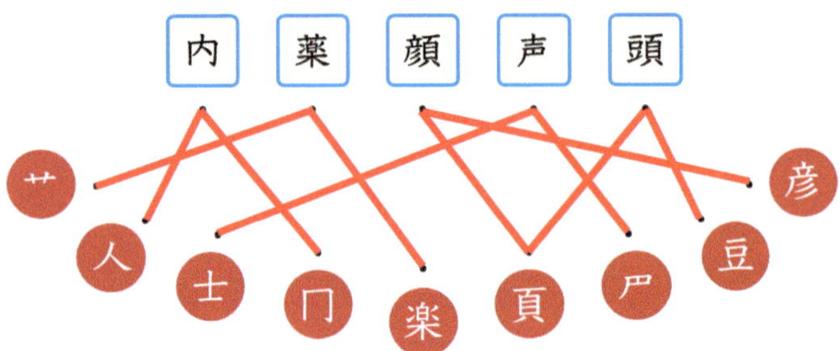

1. 4
2. 2
3. 1

れんしゅう D

1. 2
2. 2
3. 1

グループ28

れんしゅう A

1. 高い 車が 欲しい ですが、
   恥ずかしいから やめます。
2. 難しい 仕事で、 毎日 忙しい です。
3. 偉そうに 見えるが、 かれは ほんとうに
   やさしい 若者 です。

れんしゅう B

1. いそが　あした　かぞく　しょくじ
2. わかもの　えら
3. いだい　ひと　はじ

れんしゅう C

1. 3
2. 4
3. 2

れんしゅう D

1. 2
2. 2
3. 1
4. 4

グループ29

れんしゅう A

1. 忘れ物
2. 困ります
3. 払って
4. に違いない
5. 困難
6. 遊びに
7. 半円

れんしゅう B

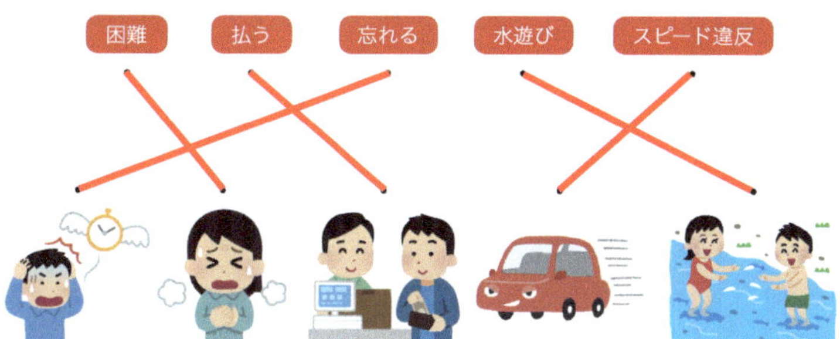

れんしゅう C

1. 2
2. 1
3. 2

れんしゅう D

1. 4
2. 4
3. 3

グループ30

れんしゅう A

1. 合
2. 覚
3. 回
4. 付
5. 変
6. 置

れんしゅう B

1. 会　vs　(合)
2. (置)　vs　値
3. 両　vs　(回)
4. (変)　vs　恋
5. (覚)　vs　蛍
6. (付)　vs　符

れんしゅう C

1. 1
2. 3
3. 1
4. 4

れんしゅう D

1. 3
2. 1
3. 4

第5週　小テスト

1. 4
2. 3
3. 2
4. 2
5. 1
6. 3
7. 1
8. 1
9. 3
10. 1

1. 1
2. 4
3. 2
4. 3
5. 2
6. 4
7. 2
8. 4
9. 4
10. 2

グループA

れんしゅう A

1. 重要な 仕事なので、 必ず しじ通りに して ください。
2. 子供が 約1000人 います。
3. 皆さんの 要求が 分かりました。

1. 君
2. 要
3. 皆
4. 供
5. 約

れんしゅう C

1. 2
2. 1
3. 4

れんしゅう D

1. 2
2. 3
3. 3

グループ B

れんしゅう A

1. 苦い
2. 頭痛
3. 女優
4. 危ない
5. 幸せ
6. 優れて
7. 喜んで

れんしゅう B

1. 痛 vs 病
2. 幸 vs 辛
3. 若 vs 苦
4. 喜 vs 嬉
5. 美 vs 羊
6. 厄 vs 危

れんしゅう C

1. 4
2. 2
3. 1

れんしゅう D

1. 4
2. 3
3. 2
4. 1

グループ C

れんしゅう A

祖父   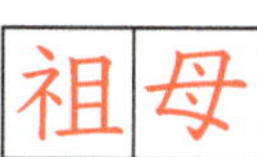 祖母

妻    夫

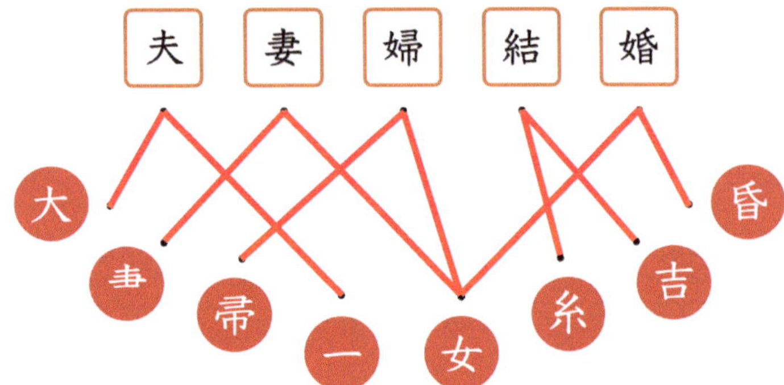

1. 2
2. 4
3. 4

1. 1
2. 3
3. 2

134